서른아홉,

처음으로 죽음을

공부했습니다

서른아홉, 처음으로 죽음을 공부했습니다

글 김진향

* 프롤로그 *

상실과 몸이 가르쳐 준
삶의 온도

아버지는 내가 열아홉 살 되던 해 세상을 떠났다. 13년 동안 병상에 누워 계셨고, 엄마도, 우리 남매도 그 긴 세월을 함께 버텼다. 하지만 이별은 늘 갑작스럽다. 예고 없이 찾아온 아버지의 죽음은 한 가족의 시간을 송두리째 바꾸어 놓았다. 오랜 병상에 누워 있던 아버지의 병원비는 눈처럼 불어나 있었고, 엄마는 그 빚을 갚기 위해 갖고 있던 땅을 팔았다. 그러나 그것으로도 부족했다. 결국 남은 빚을 감당하지 못해 파산 신청을 해야만 했다. 그 무너짐의 시간 속에서도 어머니는 새벽마다 장사를 나갔다. 남겨진 우리를 위해 온몸으로 삶을 버텼다. 그 손끝에서 나는 '살아남는 법'을 배웠다.

어머니는 늘 말했다. "진향아, 살아 있다는 건 그것만으로도 기적이야." 그 말을 이해하기까지, 나는 오랜 세월을 돌아와야 했다.

  아버지가 돌아가신 직후, 대학에 입학하자마자 알게 된 사실이 있었다. 내가 1형 당뇨를 앓고 있었다는 점이었다. 갑작스럽게 찾아온 병명은 내 인생의 방향을 바꾸어 놓았다. 처음에는 단순한 피로라고 생각했지만, 어느 날 병원에서 혈당을 재보니 기계가 '에러' 표시를 내며 숫자가 뜨지 않았다. 600까지밖에 측정되지 않는 혈당계였기에, 그 이상은 표시조차 되지 않았다. 의사의 얼굴이 굳어졌고, 그제야 상황의 심각함을 실감했다. 검사를 통해 췌장이 제 기능을 하지 못한다는 사실을 알게 되었고, 그때부터 모든 것이 달라졌다. 처음엔 약으로 버텼다. 매일 정해진 시간에 약을 챙겨 먹으며, 그 약이 내 몸을 대신해 주길 바라던 시절이었다. 그러나 시간이 지나면서 약으로는 더 이상 조절이 되지 않았다. 결국 인슐린 주사로 바꿔야 했다. 스물세 살 무렵부터 지금까지 매일 아침 눈을 뜨면 가장 먼저 혈당을 체크하고, 그 수치에 맞춰 배에 직접 주사 바늘을 찔러야 했다. 처음엔 손이 떨렸고, 두려웠지만, 점점 그 행위는 내 하루를 여는 의식이 되었다. 그렇게 나는 살아 있다는 것을 몸으로 확인하며 하루를 시작했다.

그때 나는 깨달았다. 내가 언제 죽을지 모른다는 사실을. 그 생각은 이상할 만큼 담담하게 다가왔고, 오히려 나를 단단하게 만들었다. 그래서 결심했다. '언제 끝날지 모르는 삶이라면, 하고 싶은 일은 모두 해보자.' 그날 이후 나는 하나씩 마음속에 담아 두었던 일들을 실행하기 시작했다. 하고 싶은 것을 하다 보니, 자연스레 그에 맞는 직업의 수도 늘어났다. 삶은 어느새 나를 한 가지 이름으로 규정할 수 없을 만큼 다채로워졌다. 그때의 나는 삶과 죽음의 경계 위에서 처음으로 '살아 있는 자신'을 실감했다.

시간이 흘러 또 한 번의 죽음이 찾아왔다. 친했던 동생이 세상을 떠난 날이었다. 그 아이는 늘 나보다 밝고 씩씩했기에, 떠남을 예감하지 못했다. 갑작스러운 이별은 내 삶의 중심을 다시 무너뜨렸다. 미처 장례식장에는 가지 못했지만, 며칠 동안 동생이 떠났다는 사실이 믿기지 않아 일상 속에서도 문득 멈추어 눈물을 흘리곤 했다. 그때 알았다. 죽음이란 단절이 아니라, 우리가 잠시 멈추어 서는 시간이라는 것을.

그렇게 상실은 몇 번이나 내 삶을 통과했다. 그러나 진짜 두려움은 바깥의 죽음이 아니라, 어느 날 갑자기 내 몸속으로 스며든 죽음의 그림자였다. 1형 당뇨로 인한 합병증, 백내장, 말초신경병증, 그리고 암 전(前) 단계 진단. 병명이 하나둘 늘어날 때마다 나는 더 이상 내 몸을 외면할 수 없었다. 병은 마치 오래 참아 온 감정처럼 한꺼번에 터져 나왔다. 몸은 내게 말을 걸고 있었다. "이제 그만 달려. 멈춰야 한다. 네가 살아 있다는 걸 기억해."

그러던 어느 날, 나는 갑자기 쓰러져 10일 넘게 병원에 입원했다. 열은 계속 올랐고, 여러 가지 진단으로 인해 하루에도 많은 약을 복용해야 했다. 스무 알 가까운 알약들을 한 번에 삼키지 못해 다섯 번에 나눠서 삼켜야 했다. 손목에는 다섯 개 남짓의 수액 라인이 연결되어 있었고, 화장실에 가는 일조차 쉽지 않았다. 씻는 것 또한 마음먹어야 할 일이었다. 그렇게 누워 있는 동안, 많은 생각이 밀려왔다. 내가 그토록 버티며 쌓아 올린 모든 것들이, 결국 나를 병들게 한 것은 아니었을까. 병원 침대 위에서 흘러가는 시간은 느리게, 그러나 묘하게 선명하게 흘렀다. 아침이면 창문 너머로 빛이 들어왔고, 그 빛 하나에도 마음이 흔들렸다. 고요한 병실 안에서 나는 처음으로 완전히 멈춰 섰다. 그동안의 삶을 차분히 돌아보았고, 진짜 하고 싶은 일과 앞으로의 방향을 다시 생각해 볼 수 있었다. 그때야 비로소 알았다. '살아 있음'이란 거대한 일이 아니라, 오늘을 버텨 내는 작고 반복된 호흡이라는 것을.

몸은 내게 끊임없이 신호를 보내고 있었다. 아픔은 나를 멈추게 하고, 멈춤은 나를 다시 살게 했다. 그때부터 나는 '몸으로 배우는 삶'을 시작했다. 하루하루의 통증은 내 안에 쌓여 있던 고요한 교훈이었다. 나는 그제야 깨달았다. 죽음을 공부한다는 건, 결국 '살아 있는 자신'을 다시 배우는 일이라는 것을. 병을 통과하면서 나는 글을 쓰기 시작했다. 누군가의 부재와 나의 고통을 언어로 바꾸는 일은 고통스러웠지만 동시에 구원이기도 했다. 문장은 나를 살려 냈다. 글 속에서 나는 죽음이 아니라 삶을 발견했다. 그 이후로 내 글은 목표를 향한 문장이 아니라, 존재를 향한 문장이 되었다.

나는 더 이상 완벽해지려고 하지 않는다. 대신 주어진 하루를 충실히 살아 내려 한다. 아침의 커피 향, 창가로 스며드는 빛, 손끝에 닿는 강아지의 온기. 그 사소한 감각들이 삶을 다시 빛나게 했다. 나는 이제 안다. 살아 있음은 성취가 아니라, 감각의 복귀라는 것을. 죽음은 나를 두려움에서 해방시켰고, 병은 나를 다시 삶으로 이끌었다. 삶의 가장 깊은 자리에는 언제나 몸의 기억이 있었다. 통증도, 회복도, 눈물도, 그 모든 것이 나를 다시 살아 있게 했다.

이제 나는 더 이상 삶을 서두르지 않는다. 조용히, 그러나 확실히 살아간다. 내 몸이 허락하는 속도로, 내 마음이 닿는 곳까지. 그 속도가 느리더라도, 그것이 나의 리듬이다.

이 책은 그렇게 쓰였다. 아버지의 죽음으로 시작해, 동생의 부재를 지나, 병의 통증 속에서 다시 삶을 배우기까지의 기록. 죽음과 삶은 서로를 밀어내지 않았다. 오히려 맞닿아 있었다. 그래서 나는 오늘도 조용히 묻는다. "당신은 지금, 어떻게 살고 있나요?"

김진향,
서른아홉의 겨울에

* 차례 *

프롤로그 상실과 몸이 가르쳐 준 삶의 온도 ◈ 004

Chapter 1 죽음을 처음 배우는 자리

희망을 버리며, 삶을 붙들다 — 단테, 『신곡』 ◈ 017

죽음을 처음 배우는 수업 — 델핀 오르빌뢰르, 『당신이 살았던 날들』 ◈ 025

아픔으로 먼저 다가온 죽음 — 메이, 『아프다는 것에 관하여』 ◈ 032

첫사랑과 죽음의 배움 — 황순원, 「소나기」 ◈ 038

철학이 가르쳐 준 죽음 — 몽테뉴, 『수상록』 ◈ 044

죽음 속에서 피어난 이야기 — 보카치오, 『데카메론』 ◈ 051

Chapter 2 철학이 던지는 죽음의 물음

존재의 부재와 박탈 — 셸리 케이건, 『죽음이란 무엇인가』 ◈ 061

부조리의 충돌 — 알베르 카뮈, 『시지프 신화』 ◈ 070

삶을 되돌아보는 심판대 — 레프 톨스토이, 『이반 일리치의 죽음』 ◈ 077

죽음을 향해-감 — 마르틴 하이데거, 『존재와 시간』 ◈ 083

죽음과 죽어감 — 엘리자베스 퀴블러 로스, 『죽음과 죽어감』 ◈ 090

언어는 세계로 돌아가는 다리 — 장 아메리, 『죄와 속죄의 저편』 ◈ 098

Chapter 3 애도의 풍경과 남겨진 자들

죽음 앞의 고독과 부조리 — 알베르 카뮈, 『이방인』 ◈ 105

삶의 유한성을 묻다

— 류이치 사카모토, 『나는 앞으로 몇 번의 보름달을 볼 수 있을까』 ◈ 111

남겨진 집, 남겨진 자 — 김완, 『죽은 자의 집 청소』 ◈ 119

죽음과 화해의 장례 — 영화 〈축제〉 ◈ 125

사랑과 죽음의 비극 — 요한 볼프강 폰 괴테, 『젊은 베르테르의 슬픔』 ◈ 130

죽음의 재난과 연대 — 알베르 카뮈, 『페스트』 ◈ 135

Chapter 4 예술 속에서 만난 죽음의 얼굴

미완의 숭고 — 로맹 롤랑, 『미켈란젤로의 생애』 ◈ 143

전쟁 속의 희망 — 영화 〈인생은 아름다워〉 ◈ 149

시간의 역행과 죽음 — 영화 〈벤자민 버튼의 시간은 거꾸로 간다〉 ◈ 154

기억이 사라지는 순간의 죽음 — 영화 〈코코〉 ◈ 160

우연과 필연의 죽음 철학 — 영화 〈나비 효과〉 ◈ 167

죽음 앞의 사랑 — 영화 〈너는 내 운명〉 ◈ 173

Chapter 5 늙어감이 들려주는 지혜

늙어 간다는 것은 사라지는 것이 아니라 완성되어 가는 일
— 키케로, 『노년에 관하여』 ◈ 181

아침에 죽음을 생각하는 것이 좋다
— 김영민, 『아침에는 죽음을 생각하는 것이 좋다』 ◈ 187

어떤 죽음이 삶에게 말했다 — 김범석, 『어떤 죽음이 삶에게 말했다』 ◈ 193

존엄을 지키는 마지막 사랑 — 로맹 가리, 『자기 앞의 생』 ◈ 199

죽음을 배움의 마지막 교실로 — 김지수, 『이어령의 마지막 수업』 ◈ 204

사랑과 상실의 지혜 — 박완서, 『사랑을 무게로 안 느끼게』 ◈ 210

노년의 사랑과 이별 — 영화 〈님아, 그 강을 건너지 마오〉 ◈ 217

노년의 고독과 오늘의 삶 — 시몬 드 보부아르, 『노년』 ◈ 222

Chapter 6 오늘, 죽음을 곁에 두고 산다는 것

존재의 전환 — 헤르만 헤세, 『데미안』 ◈ 231

죽음에도 불구하고 삶을 선택하다
— 빅터 프랭클, 『죽음의 수용소에서』 ◈ 237

존재의 해체와 침묵 — 한강, 『채식주의자』 ◈ 245

인간에서 벌레로, 죽음으로 — 프란츠 카프카, 『변신』 ◈ 250

절망을 넘어 삶으로 — 도스토예프스키, 『죄와 벌』 ◈ 256

Carpe Diem — 영화 〈죽은 시인의 사회〉 ◈ 262

죽음을 춤추듯 — 니코스 카잔차키스, 『그리스인 조르바』 ◈ 267

오늘을 붙드는 힘 ◈ 274

에필로그 살아 있음은 다시 사랑하는 일 ◈ 278

참고문헌 ◈ 283

죽음을
처음 배우는 자리

; 희망을 버리며, 삶을 붙들다

단테, 『신곡』

"여기 들어오는 자, 모든 희망을 버려라."
— **단테, 『신곡』「지옥편」**

단테가 지옥의 문 위에 새겨 넣은 이 문장은 오랫동안 내게 낯선 중세어의 문장에 불과했다. 신학적 장치나 문학적 장엄함으로만 여겨졌다. 그러나 몇 해 전, 가까운 지인의 갑작스러운 부고를 들었을 때, 그 문장은 마치 유리 조각처럼 가슴 깊이 파고들었다. 희망을 버리라는 말은 추상적 경고가 아니라, 내 삶을 가로지르는 균열이었다.

그날 아침은 여느 때와 다르지 않았다. 창문에 드리운 햇살은 평화로웠고, 커피잔에서는 김이 피어올랐다. 라디오에서는 누군가의 활기찬 목소리가 흘러나왔다. 그러나 "○○○님께서 별세(소천)하셨기에 삼가 알려드립니다"라는 짧은 문자 한 통이 평화로운 일상을 무너뜨렸다. 세상은 여전히 움직였지만, 내 시간은 그 자리에서 멈추었다. 사랑하는 이를 잃는다는 것은 단순한 부재가 아니라 세계의 구조가 송두리째 흔들리는 경험이었다.

그와 함께했던 장면들이 주마등처럼 스쳐 지나갔다. 함께 웃고, 함께 밥을 먹던 평범한 순간들이 이제는 되돌릴 수 없는 기억이 되었다. 내게 지옥은 먼 곳이 아니라, 그가 사라진 자리의 침묵이었다. 단테가 "우리 인생길 반 고비에 올바른 길을 잃고서 난 어두운 숲에 처했었네"라고 썼듯, 나 또한 그 숲속에 서 있었다. 그러나 단테가 베르길리우스의 손을 잡고 지옥을 지나 연옥으로 나아갔듯, 나 역시 멈추지 않고 걸어야 했다.

장례식장의 공기는 다시 나를 흔들었다. 향 냄새와 눅눅한 카펫, 검은 옷으로 가득한 사람들의 움직임 속에서 공기는 묘하게 무거웠다. 영정 속의 그는 여전히 웃고 있었지만, 그 웃음은 더 이상 현재의 것이 아니었다. 장례식장은 죽음을 추상에서 구체로 옮겨 놓는 문턱이었다. 누군가는 울음을 삼키며 물잔을 들고, 또 누군가는 흐느끼다 이내 숨을 고른다. 그 사이에서 나는 내 마음의 언어가 서서히 무너져 내리는 것을 느꼈다.

철학자 자크 데리다는 애도의 철학을 논하면서 언어가 애도의 순간에서 '무력해진다'고 말한다. 그러나 그는 동시에 그 무력함의 자리에서 다시 언어를 붙잡아야 한다고 했다. 말이 닿지 않는 부재 앞에서조차 우리는 여전히 말하려 애써야 한다. 침묵은 슬픔의 모양을 담을 수 없기 때문이다. 언어는 부서지면서도 다시 이어져야 하고, 무너진 자리에서 다시 꿰매어져야 한다. 그 불가능한 시도 속에서 우리는 타인의 죽음뿐 아니라 '살아 있는 나'의 존재를 확인한다.

그래서 나는 말을 잃은 채로도 마음속에서 문장을 짓기 시작했다. 부재를 가리키는 말들, 다시는 닿을 수 없는 이에게 건네는 언어들. 그것이 애도의 시작이었다. 글쓰기는 고통을 지우는 일이 아니라, 고통을 번역하는 일이었다. 엘리자베스 퀴블러 로스는 "사랑하는 사람의 상실을 극복할 수 없으며, 그 상실과 함께 살아가는 법을 배울 것이다. 치유될 것이고, 고통받았던 상실 주위로 자기 자신을 새롭게 세울 것이다" 고 말했다. 애도는 시간을 덮는 일이 아니라, 그 시간을 다시 써 내려가는 일임을 깨달았다.

죽음은 언제나 예기치 않게 다가온다. 신문 기사에서 읽었던 어느 아버지의 고백이 떠오른다. 교통사고로 아들을 잃은 그는 말했다.

장례식장에서 나는 비로소 죽음을 손으로 만질 수 있었다. 그 차가운 얼굴이 내 삶 전체를 바꾸었다.
— **경향신문,** 「이태원 참사로 아들을 잃은 아버지의 고백」, 2022.11.30.

죽음은 그렇게 구체적이었고, 동시에 삶을 전환시키는 힘을 지니고 있었다. 세월호 참사 이후 남겨진 이들은 여전히 그날의 상처 속에 머물러 있다. 박수경은 "보상과 배상, 명예 회복 등이 제대로 이루어지지 않고 있으며, 참사는 지우기 어려운 개인적이면서도 집단적인 트라우마로 남아 있다" 고 지적한다. 그들의 슬픔은 단순한 개인의 애도가 아니라,

국가적 차원에서도 결코 완전히 정리될 수 없는 상처로 남았다. (박수경, 「세월호 참사 이후 지역 커뮤니티에 형성된 치유의 공간에 대한 지리적 고찰」) 이는 특정 개인의 말이 아니라, 수많은 유가족과 시민들의 목소리에서 공통적으로 흘러나온 문장이었다. 죽음은 개인의 상실에 머물지 않고 공동체 전체의 기억을 다시 쓰게 한다.

상실은 나를 더 예민한 존재로 만들었다. 버스 정류장에서 손을 흔드는 할머니의 모습, 저녁 창가에 걸린 별빛, 길가에 피어난 들꽃까지도 이전보다 선명하게 다가왔다. 카프카는 『꿈 같은 삶의 기록』에서 "이해가 시작되는 첫 징후는 죽고자 하는 욕망이다"라고 썼다. 이해란 단순한 깨달음이 아니라, 존재의 한계와 부조리를 직면할 때 비로소 열리는 통로임을 그는 말하고자 했다. 죽음을 의식하는 순간 삶이 더욱 강렬해진다는 그의 사유는, 유한함을 자각하는 일이 오히려 생의 감각을 예민하게 깨우는 일이라는 뜻으로 다가왔다. 강제수용소의 어둠 속에서 빅터 프랭클이 노을빛과 나무 한 그루, 작은 꽃잎 같은 사소한 자연의 존재들 속에서 인간의 존엄을 발견했듯, 나 또한 일상의 풍경 속에서 다시금 삶의 무게를 느꼈다.

코로나 팬데믹은 이 감각을 모두에게 확장시켰다. 온라인 장례식, 화면 너머의 작별, 냄새와 공기를 공유하지 못하는 애도의 고립.

> 많은 이들이 "마지막 인사조차 하지 못했다"고 호소했다. 팬데믹은 죽음을 공동체의 사건이 아니라 철저히 개인의 상실로 만들었다.
> ― 한겨레, 「코로나 '온라인 추모소' 엽니다… 일상이 회복돼도 기억할 이름」, 2022.5.9.

사회학자 토니 월터는 죽음을 단순한 개인사의 종결로 보지 않는다. 그의 말에 따르면, 장례와 애도는 공동체가 함께 맞이하고, 함께 공감하며, 함께 호흡하는 사건이다. 죽음은 사회의 관계망 속에서 다시 사유되어야 하며, 애도는 한 개인의 내면을 넘어 공동체의 기억과 감각을 엮어 내는 일이다. 그러나 팬데믹은 그 호흡을 빼앗아 갔다. 장례식장이라는 '함께 있음의 공간'이 사라진 자리에서, 죽음은 점점 더 고립되고 사적인 형태로 다가왔다.

나는 이제 단테의 문장을 다르게 읽는다. "희망을 버리라"는 말은 단순한 절망의 선언이 아니었다. 그것은 허상의 희망을 내려놓고, 진짜 희망의 본질을 붙들라는 명령이었다. 세네카는 『인생의 짧음에 대하여』에서 "죽음을 두려워하는 자는 삶의 깊이를 알지 못한다"고 말했다. 두 사람 모두 죽음을 외면하지 않을 때 비로소 삶의 의미가 드러난다고 믿었다. 결국 "희망을 버리라"는 말은, 삶이 무한하다는 착각을 버리고 유한한 하루를 온전히 붙드는 힘을 찾으라는 초대였다.

 죽음은 나를 절망시키지 않았다. 오히려 죽음은 오늘을 더 절실히 살게 했다. 키에르케고르는 『불안의 개념』에서 죽음을 인간 존재의 가장 깊은 불안의 근원으로 보았지만, 동시에 그 불안이야말로 삶을 일깨우는 강렬한 자극이라고 말했다. 죽음을 떠올릴 때 나는 비로소 살아 있음을 느낀다. 죽음을 의식하는 순간, 우리는 삶의 껍질을 벗고 가장 본래적인 자기 자신으로 되돌아간다. 두려움은 삶을 마비시키지만, 죽음에 대한 성찰은 오히려 삶을 투명하게 만든다. 그렇게 죽음은 끝이 아니라, 지금 이 순간을 더 깊이 살아 내게 하는 시작이었다.

 오늘도 나는 그날의 상실을 떠올린다. 그리고 여전히 나 자신에게 묻는다. "나는 오늘, 어떻게 살 것인가?" 죽음은 내게서 많은 것을 빼앗았지만, 동시에 오늘을 더 깊게 붙들게 했다. 단테가 지옥을 지나 연옥으로 걸어갔듯, 나 역시 상실의 숲을 지나 희망의 조각을 붙들며 하루를 살아간다. 삶은 끝내 완성되지 않는 미완의 여정이다. 그러나 죽음을 의식할 때, 그 미완은 오히려 더 깊은 의미로 다가온다.

; 죽음을
처음 배우는 수업

델핀 오르빌뢰르,

『당신이 살았던 날들』

 죽음을 공부한다는 것은 단순히 끝을 준비하는 일이 아니었다. 델핀 오르빌뢰르의 말처럼, 죽음은 '끝'이 아니라 살아남은 사람들의 삶 속에서 여전히 숨 쉬는 어떤 것이었다. 그녀는 『당신이 살았던 날들』에서 열한 개의 이야기를 통해 죽음을 기록한다. 갑작스러운 개인의 상실, 집단적 비극, 그리고 홀로 애도하는 이들의 목소리까지—모두가 죽음을 말하지만, 그 이야기의 중심에는 언제나 살아남은 자들의 삶이 있었다. 나는 그 대목에서 오래 멈춰 서 있었다.

 살아 있다는 건 무엇일까. 어쩌면 우리가 매일 마주하는 사소한 질문들—왜 지금 눈물이 나는지, 왜 어떤 날은 이유 없이 웃을 수 없는지—이 모두 죽음과의 대화일지도 모른다. 죽음은 저 먼 곳의 일이 아니라, 일상의 그림자처럼 늘 곁에 있었다. 친구의 부고 소식에 숨이 멎을 듯 놀란 순간에도, 텔레비전 속 재난 장면 앞에서 알 수 없는 불안을 느낄 때에도, 나는 이미 죽음과 맞닿아 있었다.

아버지의 임종을 본 적이 있다. 평생 강인하던 한 남자가 마지막 순간엔 한없이 작아져 침대 위에 누워 있었다. 오랜 투석에 지쳐 있던 아버지를 나는 거의 1년 만에 마주했다. 병원 옥상으로 휠체어를 밀고 올라갔던 날, 하늘은 유난히 맑았다. 그러나 우리는 무슨 말을 해야 할지 몰라, 그저 침묵 속에서 바람을 맞고 있었다. 그때 아버지가 주머니에서 구겨진 오천 원 지폐를 꺼내며 말했다. "아빠가 미안해." 어색했던 공기가 눈물로 녹아내렸고, 오랜 원망이 그제야 흘러나왔다. 그날 이후 나는 죽음을 다르게 보게 되었다. 죽음은 단절이 아니라, 남겨진 자의 기억 속에서 여전히 이어지는 것이었다. 오르빌뢰르의 말처럼 말이다.

몇 해 전, 가까운 지인의 갑작스러운 죽음을 마주했을 때도 같은 생각이 들었다. 평소 건강하고 단단하던 사람이었기에 충격은 더 컸다. 죽음은 그렇게 불시에 다가와 삶의 질서를 무너뜨리고, 살아남은 자들의 시간을 완전히 다른 결로 바꿔 놓는다. 우리는 죽음을 피할 수 없지만, 그것을 삶의 근원적 조건으로 껴안을 수는 있다. 누군가의 죽음 앞에서야 우리는 비로소 자기 존재의 진실을 마주하게 된다.

한국 사회에서도 우리는 죽음을 통해서 삶의 윤리를 배웠다. 2014년 세월호 참사 이후, 언론은 '멈춘 시간 속의 교실, 남겨진 아이들의 책상'이라 이름 붙이며 단원고 학생들의 유품을 전했다. 그 책상 위에는 물에 젖은 교과서와 이름이 적힌 필통, 미처 다 쓰지 못한 일기장이 놓여 있었다. 그것들은 멈춘 시간이자, 여전히 이어지는 삶의 흔적이었다. 유가족들은 매년 4월이면 바다를 찾아 아이들의 이름을 부른다. 그 이름들은 더 이상 과거의 기록이 아니라, 지금도 살아 있는 목소리로 남아 있다. 죽음은 그들에게 끝이 아니라, 사랑이 머무는 또 다른 형태의 시간이었다.

바다 건너 미국에서도 같은 장면이 반복된다. 2001년 9·11 테러 이후, 매년 9월 11일이 되면 뉴욕의 국립 9·11

추모 박물관 앞 '기억의 벽'에는 수많은 사람들이 모인다. 검은 화강암에 새겨진 2,983명의 이름이 한 사람씩 낭독된다. 그 행위는 단순한 추모 의식이 아니다. 그것은 부재를 현재로 불러오는 의례이자, 잃어버린 생명을 공동체의 숨결 속으로 되돌려 놓는 행위다. 이름을 부르는 목소리 하나하나가 다시 살아 있는 존재의 리듬처럼 울린다. 죽음은 사라짐이 아니라, 기억의 형태로 남아 있는 삶의 또 다른 방식이다. 세상은 그 이름을 부르며, 애도를 통해 다시 살아가는 법을 배운다.

죽음은 결코 한 개인의 사건으로 끝나지 않는다. 그것은 공동체 전체에게 묻는다. "우리는 누구이며, 어떻게 살아야 하는가?" 오르빌뢰르는 『당신이 살았던 날들』에서 애도의 과정을 결코 회피하지 말라고 말한다. 슬픔을 억누르거나 서둘러 잊으려 할 때, 죽음은 더 무겁게 되돌아온다. 상실을 견디는 가장 인간적인 방법은, 고통 속에 머물며 잃어버린 이의 자리를 인정하는 일이다. 부재를 지워 내는 것이 아니라, 그 부재를 삶의 일부로 받아들이는 것—그것이야말로 애도의 진정한 형식이었다.

문학 또한 같은 진실을 말한다. 버지니아 울프는 『등대로』에서 시간과 죽음을 파도의 리듬처럼 포착했다. 그녀에게 죽음은 단절이 아니라, 존재가 다른 형태로 이어지는 과정이었다. 사라짐은 소멸이 아니라 변주였고, 남겨진 자들의 기억 속에서 다시 살아나는 생의 움직임이었다. 한편, 모리 슈워츠는 『모리와 함께한 화요일』에서 "죽는 법을 배우면 사는 법을 배운다"고 말했다. 병든 육체 속에서도 그는 제자에게 매일의 삶을 사랑하고, 지금 이 순간을 의미 있게 살아 내는 법을 가르쳤다. 죽음을 두려움의 대상이 아니라 배움의 자리로 바꾼 그의 수업은, 인간이 마지막까지 '살아 있는 자'로 남을 수 있음을 보여 준다. 이 모든 목소리가 결국 하나의 결론으로 모인다. 죽음을 말한다는 것은 곧, 어떻게 살아야 하는가를 묻는 일이다.

배우 로빈 윌리엄스는 생의 마지막 순간까지 세상에 웃음을 선물한 사람이었다. 그러나 루이소체 치매 진단 이후, 그는 자신이 믿어 온 세계의 균열을 감당하지 못했다. 아내 수전 슈나이더 윌리엄스는 훗날 인터뷰에서 이렇게 회상했다. "로빈은 자신의 뇌가 배신하고 있다는 걸 알고 있었어요. 그는 내게 말했죠. '그냥 내 머리를 다시 시작하고 싶어. 이제

나는 더 이상 나 자신이 아니에요.'" 그의 이 고백은 단순한 병의 기록이 아니라, 자신의 존재가 붕괴되어 가는 과정을 끝까지 바라본 한 인간의 고통이었다. 늘 웃음으로 세상을 견뎌 온 그가 더 이상 자신이 서 있던 세계를 붙잡을 수 없었을 때, 삶은 낯설고 두려운 곳으로 변했다. 그 마지막은 인간의 존엄과 한계, 그리고 고통 속에서도 품위를 잃지 않으려는 의지의 기록이었다.

그의 이야기를 떠올리며 나는 깨달았다. 누군가의 죽음을 마주한다는 것은 한 사람의 부재를 보는 일이 아니라, 그와 함께 존재하던 세계의 균형이 기울어지는 순간을 목도하는 일이다. 사랑, 대화, 일상의 사소한 말들까지도 더 이상 제자리를 찾지 못한다. 그래서 애도란 사라진 이를 붙잡는 시간이 아니라, 그가 남긴 공백 속에서 다시 살아가는 법을 배우는 시간이다.

이제 나는 안다. 죽음을 공부한다는 건 죽음을 준비하는 일이 아니라, 삶을 배우는 일이라는 것을. 『당신이 살았던 날들』은 이렇게 묻는다. "죽음을 두려워하는 대신, 삶을 두려워하라. 그리고 그 두려움 속에서 한 번이라도 더 깊이 살아 내라." 결국 죽음이 우리에게 가르치는 건 단 하나, 삶을 미루지 말라는 것이다. 우리는 지금, 이 순간을 어떻게든 살아 내야 한다.

아픔으로 먼저
다가온 죽음

메이, 『아프다는 것에 관하여』

 아프다는 것은 단순한 증상이 아니다. 그것은 몸의 일부가 아니라, 존재 전체를 다시 쓰게 하는 '사건'이다. 에세이 『아프다는 것에 관하여』에서 작가 메이는 병과 함께 살아가는 삶을 기록한다. 그는 병을 '이겨 내야 할 일시적 상태'로 그리지 않는다. 오히려 끝내 함께 살아가야 하는 조건으로 받아들이며, 그 안에서 인간 존재의 취약함과 존엄을 함께 바라본다.

 건강을 전제로 돌아가는 사회에서 병든 몸은 흔히 '비정상'으로 분류된다. 그러나 메이는 그 낙인 속에서도 자신의 언어를 다시 찾아야 했다. 아픔은 삶을 축소시키는 것이 아니라, 오히려 죽음을 미리 배우게 하는 또 하나의 문이었다.

나 역시 몇 년 전, 알 수 없는 증상으로 응급실에 실려 간 적이 있다. 의사는 큰 이상이 없다고 했지만, 그날 이후 몸은 예전의 리듬으로 돌아가지 않았다. 조금만 걸어도 숨이 찼고, 다리는 인어공주가 걸을 때 느꼈다는 그 따끔거림처럼 매 순간 신경통으로 저려 왔다. 척추에 문제가 있을까 싶어 여러 검사를 받았지만, 원인은 밝혀지지 않았다. 의학의 언어로 해석되지 않는 통증은 내 일상을 지배했고, 그때부터 "이러다 내가 죽는 걸까?"라는 질문이 일상이 되었다. 몸이 배반하는 순간, 삶은 전혀 다른 궤도로 흘러간다. 메이의 문장은 그때의 나를 다시 불러냈다. 아픔은 단순한 불운이 아니라, 살아 있는 모든 존재가 언젠가 마주해야 할 삶의 한 얼굴이었다.

메이는 이렇게 썼다. "나는 왜 아픈가? 내가 나이기 때문이다." 짧은 이 문장은 인간 존재의 근본 조건을 드러낸다. 살아 있다는 것은 언젠가 병들고, 끝내 죽음을 맞이해야 한다는 사실을 포함한다. 아픔은 죽음을 향해 가는 길목에서 미리 만나는 신호이자 예고장이다. 그때 우리는 자신이 어떤 태도로 살아갈 것인지, 이 유한한 몸을 어떻게 받아들일 것인지를 다시 묻게 된다.

여러 연구는 만성질환자들이 신체적 고통뿐 아니라 사회적 낙인과 시선으로 인한 고통을 겪는다고 보고한다. "왜 저 사람은 저렇게 아플까?", "노력하지 않아서 그런 건 아닐까?"와 같은 의심 어린 시선은 환자를 더욱 고립시킨다. 이는 수전 손택이 『은유로서의 질병』에서 지적한 바와 닮아 있다. 손택은 질병이 사회적 은유나 도덕적 상징으로 덧씌워질 때, 환자는 병 그 자체보다 언어와 시선의 폭력으로 더 깊이 무너진다고 말한다. 질병은 도덕의 문제가 아니라 신체의 현실이며, 고통을 개인의 책임으로 환원하려는 사회적 태도야말로 또 다른 폭력이라는 것이다.

질병은 의학적 현상에 머물지 않는다. 그것은 사회가 인간의 고통에 어떻게 응답하는가를 드러내는 윤리의 거울이다. 병의 은유를 걷어 내고 고통을 있는 그대로 바라볼 때, 비로소 인간적인 연대가 시작된다.

이 문제의식은 국경을 넘어 반복된다. 2011년 동일본 대지진 이후 후쿠시마 원전 사고 생존자들은 방사능의 위험보다 '사람들의 시선'이 더 두렵다고 말했다. BBC와 가디언은 피난민들이 "오염된 사람"이라는 낙인 속에서 살아가고 있다고 전했다. 학교에서는 아이들이 따돌림을 당했고, 임시 거주지에서도 "후쿠시마에서 왔다"는 이유로 차별받았다. 한 생존자는 말했다. "방사능보다 무서운 건, 사람의 말이었어요." 고통은 단지 몸의 문제가 아니라, 믿음이 끊긴 세계 속에서 자신이 더 이상 안전한 존재로 받아들여지지 않는다는 감각이었다.

메이의 문장은 이런 현실과 공명한다. 그는 아픔을 개인의 결함이나 운명으로 보지 않는다. 오히려 사회가 고통에 어떻게 응답하느냐가 한 인간의 존엄을 결정한다고 말한다. 아픔은 결코 개인의 문제가 아니다. 그것은 사회가 어떻게 함께 아파할 수 있는가의 문제다.

니체는 고통을 피해야 할 불행이 아니라, 삶을 단단하게 만드는 필수 조건으로 보았다. 그는 『우상의 황혼』의 「격언과 화살」에서 이렇게 썼다. "나를 죽이지 못하는 고통은 나를 더 강하게 만든다." 니체에게 고통은 인간을 무너뜨리는 힘이 아니라, 스스로를 다시 세우게 하는 가장 근원적인 에너지였다. 이 문장은 인간이 고통을 통해 자신을 초월하는 존재임을 선언한다. 고통은 삶의 적이 아니라, 인간을 단련시키는 필연의 과정이다. 물론 모든 고통이 성장을 낳는 것은 아니다. 그러나 고통을 회피하지 않고 정면으로 마주할 때, 인간은 자신이 무엇으로 이루어져 있는지를 깨닫는다. 병든 몸은 우리를 약하게 만들지만, 그 연약함 속에서 오히려 새로운 의미를 길어 올릴 수 있다. 메이가 보여 준 태도—고통을 부정하지 않고 삶의 일부로 받아들이는 용기—는 니체가 말한 '운명애'의 또 다른 이름이었다.

메이는 『아프다는 것에 관하여』에서 통증이 인간의 시간 감각과 언어를 무너뜨리는 경험임을 여러 장에서 서술한다. 나는 이 책을 읽으며 병상에서 밤을 지새던 날들을 떠올렸다. 시계는 움직이고 있었지만, 내 시간은 멈춰 있었다. 어제와 오늘이 단절된 그 순간, 아픔은 죽음과 닮아 있었다. 그러나 고통은 단순한 부정의 시간이 아니었다. 아픔은 우리를 무력하게 만들지만 동시에 선택의 가능성을 다시 묻는다. 나는 병으로 쓰러진 뒤에야 비로소 일상의 숨결이 얼마나 소중한지 알았다. 아침에 눈을 뜨고, 숨을 편안히 쉬는 일—그 평범함이야말로 삶의 가장 큰 선물이었다.

아픔은 나약함의 증거가 아니다. 오히려 살아 있음의 가장 분명한 표지다. 우리는 아픔을 통해 죽음을 준비하는 또 다른 방식을 배운다. 그것은 삶을 축소시키는 일이 아니라, 더 깊이 사랑하라는 초대장이다. 메이가 보여 준 삶의 방식은 특별한 영웅담이 아니었다. 그저 하루하루를 버티며 고통을 부정하지 않고 기록하는 일이었다. 그러나 그 기록 속에서 나는 삶과 죽음의 가장 투명한 경계를 보았다.

아픔은 죽음을 미리 배우게 하는 스승이다. 그것은 우리에게 묻는다. "너는 이 고통 속에서 어떻게 살아갈 것인가?"
그 질문에 답하려는 순간, 우리는 이미 조금 더 살아 있는 존재가 된다.

; **첫사랑과
   죽음의 배움**

황순원, 「소나기」

 황순원의 「소나기」는 어린 소년과 소녀의 짧은 만남을 그리지만, 그것은 단순한 청춘의 에피소드가 아니다. 여름비처럼 스쳐 지나가는 사랑 속에서 죽음은 예고 없이 찾아오고, 그 순간은 영원으로 각인된다. 작품은 묻는다. 인간은 왜 찰나 속에서 죽음을 배우며, 그 배움을 통해 어떻게 삶의 진실에 닿게 되는가?

 소나기는 언제나 갑작스럽다. 두 아이의 만남도 그러했다. 하늘이 열리듯 쏟아지는 빗속에서 소년과 소녀는 뛰고, 웃고, 꽃을 건넨다. 그 장면은 잠깐이지만 사랑의 모든 정점을 담고 있다. 손끝의 떨림, 빗방울에 젖은 웃음, 그리고 서로를 바라보는 눈빛. 그러나 그 찰나의 빛 뒤편에는 이미 그림자처럼 죽음이 서 있다. 소녀는 병으로 쓰러지고, 끝내 돌아오지 않는다. 사랑은 짧았지만, 그 짧음은 죽음에 의해 영원히 봉인된다.

「소나기」는 순간과 영원의 교차점을 보여 준다. 우리는 길고 완전한 사랑을 꿈꾸지만, 진정으로 삶을 흔드는 것은 언제나 순간이다. 소년에게 소녀와 함께한 그날은 인생 전체를 바꾸어 놓은 기억으로 남는다. 여름 소나기가 지나가도 대지에 선명한 흔적을 남기듯, 짧은 만남은 사라지면서도 오래 지속된다. 죽음은 그 순간을 영원으로 바꾸는 힘이다.

이 작품을 읽을 때면 늘 두 사람의 얼굴이 떠오른다. 2014년, 음악인 신해철이 세상을 떠났을 때였다. 그의 목소리는 여전히 라디오에서 흘러나왔지만, 정작 그는 더 이상 이 세상에 없었다. 〈민물장어의 꿈〉, 〈그대에게〉, 〈우리 앞의 생이 끝나갈 때〉—그의 노래들은 한 세대의 청춘과 분노, 그리고 희망을 품고 있었다. 그의 부재는 단순한 비극이 아니라, 시대가 잠시 숨을 멈춘 듯한 공허함이었다. 사람들은 오래된 음반을 꺼내 그의 목소리를 다시 들었다. 그 음성 속에는 여전히 살아 있는 사람의 온기가 남아 있었다.

그보다 앞서 세상을 떠난 김광석의 죽음은 또 다른 방식으로 우리를 멈춰 세웠다. 그의 노래, 미소, 목소리는 시간이 흘러도 사라지지 않았다. 〈서른 즈음에〉, 〈이등병의 편지〉, 〈바람이 불어오는 곳〉—그의 음악은 한 시대의 일기이자, 여전히 현재형으로 이어지는 위로였다. 라디오에서 우연히 흘러나오는 노래를 들을 때마다 우리는 문득 깨닫는다. "그는 떠났지만, 그 시간은 아직 여기에 있구나." 죽음은 그렇게 끝이 아니라, 다른 형태의 존재로 남는다. 신해철의 목소리가, 김광석의 노래가 그러하듯, 사랑과 기억은 사라지지 않고 우리 안에서 계속 숨을 쉰다. 살아 있다는 것은, 결국 누군가를 기억하는 일이다.

릴케는 『젊은 시인에게 보내는 편지』에서 이렇게 썼다. "사랑한다는 것 또한 좋은 것입니다. 사랑은 어렵기 때문입니다. 인간이 인간을 사랑한다는 것. 이것은 어쩌면 우리에게 과해진 가장 어려운 일입니다. 궁극의 것이자 최후의 시련이며 시험으로서, 다른 모든 일은 단지 사랑을 위한 준비

작업에 지나지 않을 것입니다."

 그에게 사랑은 인간이 감당해야 할 가장 어려운 과제이자, 마치 죽음을 마주하듯 진지하게 임해야 하는 일이었다. 사랑과 죽음은 서로 대립된 개념이 아니라, 인간이 자기 존재의 한계와 가능성을 동시에 마주하는 두 개의 문이었다. 하나는 삶의 문턱에서 타인을 향해 열리고, 다른 하나는 죽음의 문턱에서 자신을 향해 닫힌다. 릴케는 그 두 문 사이를 오가며, 사랑과 죽음을 통해 인간이 얼마나 깊이 존재할 수 있는지를 물었다. 사랑은 생을 확장시키고, 죽음은 그 확장의 끝을 가리키지만, 두 경험 모두 인간이 자신과 세계를 가장 깊이 이해하게 만드는 계기였다. 「소나기」 속 소녀가 죽음을 맞이하지 않았다면, 그 사랑은 언젠가 희미해졌을지도 모른다. 그러나 죽음으로 인해 그 사랑은 변하지 않는 기억으로 고정되었다. 순간이 영원으로 이어지는 지점—그것이 바로 죽음이었다.

 우리는 누구나 죽음을 향해 걸어가지만, 아이러니하게도 죽음의 예감 속에서 가장 살아 있게 된다. 소년에게 소녀의 죽음은 삶의 본래적 진실을 드러낸 사건이었다. "오늘이 마지막일지도 모른다"는 예감 속에서, 순간은 오히려 더 선명히 빛난다.

 2023년 6월, 서울 성북구 동덕여자대학교 캠퍼스에서 한 여학생이 쓰레기 수거 차량에 치여 숨지는 사고가 발생했다. 사고 직후 학생들은 현장 인근에 자발적으로 추모 공간을 마련했다. 조화와 편지, 포스트잇이 놓였고, 그 위에는 "항상 웃던 널 기억해", "잊지 않을게"라는 문장이 이어졌다. (경향신문, 2023.6.8.) 죽음은 그렇게 일상의 한복판에서 삶을 멈추게 하지만, 남겨진 이들의 기억 속에서는 오히려 시간을 멈추게 한다. 「소나기」 속 소녀의 죽음이 소년에게 사랑의 순간을 영원으로 바꾸어 놓았듯, 현실의 죽음 또한 남겨진 자들의 기억 속에서 순간을 불멸로 만든다.

 윤동주는 「별 헤는 밤」에서 밤하늘의 별에 추억과 사랑, 쓸쓸함과 동경, 그리고 멀리 있는 어머니의 이름을 올려놓으며, 그리움 속에서 자신의 존재를 다시 확인한다. 그는 별빛이 내린 언덕 위에 자기 이름을 쓰고 흙으로 덮어 버리는 장면을 통해 지워지는 두려움과 다시 돋아날 희망을 함께 보여 주고, 그렇게 별을 헤아리는 일은 짧은 생을 살았던 청년이 기억과 그리움 속에서 자신의 자리를 잃지 않으려는 조용한 다짐이 된다.

정현종은 「섬」에서 인간의 고독을 이렇게 노래했다.

사람들 사이에 섬이 있다.
그 섬에 가고 싶다.

그에게 고독은 결핍이 아니라 존재의 본질을 드러내는 자리였다. 인간은 본질적으로 고독한 존재이며, 그 고독 속에서 자신을 마주할 때 비로소 진실한 생을 산다. 정현종의 '섬'은 단절이 아니라, 사람과 사람 사이의 고요한 거리이며, 우리가 서로에게 다가가기 위해 반드시 건너야 하는 내면의 바다였다.

죽음을 공부한다는 것은 결국 '순간과 영원'을 함께 배우는 일이다. 소나기처럼 잠깐 스쳐 간 사랑은 죽음을 통해 영원이 되고 삶에 지워지지 않는 흔적을 남긴다. 순간은 사라지지만, 죽음은 그 순간을 지워 버리지 않는다. 오히려 그것을 영원히 붙잡아 준다. 그래서 죽음은 공포이자 동시에 선물이다. 죽음을 통해서만 우리는 삶의 순간을 온전히 붙잡을 수 있다.

철학이 가르쳐 준 죽음

몽테뉴, 『수상록』

몽테뉴는 『수상록』에서 "철학한다는 것은 죽는 법을 배우는 것이다"라고 말했다. 그에게 철학은 죽음을 두려움으로부터 해방시키는 연습이자, 삶의 본질을 이해하기 위한 사유의 훈련이었다. 죽음을 사유할 수 있을 때 인간은 비로소 자유로워진다. 이 말은 단순한 구호가 아니라, 삶을 대하는 태도의 혁명이었다. 죽음을 멀리 두지 않고 가까이 두는 일, 그것이야말로 철학의 출발이었다.

몽테뉴는 종교전쟁과 전염병, 정치적 혼란이 뒤섞인 16세기 프랑스에서 살았다. 많은 이들이 죽음을 공포로만 받아들였지만, 그는 그 혼돈 속에서 죽음을 삶의 본질을 비추는 거울로 삼았다. "죽음을 배우는 사람은 복종하는 법을 잊는다." 그에게 죽음을 묵상한다는 것은 곧 삶을 주체적으로 회복하는 일이었다. 죽음을 직시할 때, 인간은 비로소 오늘을 온전히 살아 낼 수 있다.

이 사유는 플라톤의 『파이돈』으로 거슬러 올라간다. 소크라테스는 죽음을 앞두고 제자들에게 말했다. "철학자는 죽음을 연습하며 살아왔다." 그에게 철학은 죽음을 미루는 기술이 아니라, 죽음을 이해함으로써 더 자유롭게 사는 법을 배우는 과정이었다. 영혼이 육체로부터 해방되는 그 순간, 인간은 진정한 자유를 얻는다. 몽테뉴는 이 사상을 자기 시대의 언어로 번역해, 죽음을 삶의 일부로 끌어안았다.

루크레티우스 또한 『사물의 본성에 관하여』에서 이렇게 말했다. "죽음은 우리에게 아무것도 아니다. 우리가 살아 있는 동안 죽음은 오지 않고, 죽음이 오면 우리는 이미 존재하지 않는다." 그는 죽음을 두려움의 대상이 아닌 자연의 질서로 이해했다. 죽음을 이해하는 순간, 인간은 비로소 공포로부터 자유로워진다. 몽테뉴는 이 사유를 이어받아, 죽음을

'삶의 반대편'이 아니라 '삶의 한 부분'으로 받아들였다.

죽음이 철학의 언어를 넘어 현실의 현장으로 옮겨졌을 때, 그 의미는 더욱 선명해진다. 2020년 봄, 코로나19 팬데믹의 중심이었던 이탈리아 롬바르디아주. BBC 카메라는 혼란스러운 병동 속을 비추며, 의료진이 보호복을 입은 채 중환자 곁을 지키는 모습을 전했다. 가족의 방문이 금지된 상황에서, 환자의 마지막 순간을 함께할 수 있는 사람은 오직 간호사와 의사뿐이었다. 한 간호사는 이렇게 말했다. "그들이 혼자 가지 않도록, 우리는 손을 잡아 줍니다." 그 손길은 의료 행위를 넘어선, 인간의 마지막 예의이자 연대였다. 생과 사의 경계에서 건네진 그 온기 속에서, 우리는 다시 묻는다. 죽음이란 무엇인가, 그리고 인간다움은 어디에서 시작되는가.

이어령은 암 투병 중에도 사유를 멈추지 않았다. 그의 유작 『눈물 한 방울』에서 그는 "아픔은 생명의 편이다. 가장 강력한 생의 시그널"이라 썼다. 죽음을 앞둔 그에게 고통은 더 이상 피해야 할 대상이 아니었다. 오히려 살아 있음을 증명하는 마지막 징후였다. 육신이 약해지는 순간에도 그는 언어를 놓지 않았고, 고통 속에서도 삶을 찬미했다. 이어령에게 죽음은 끝이 아니라, 존재가 스스로를 완성하는 마지막 창조의 순간이었다. 그가 바라본 죽음은 몽테뉴가 『수상록』에서 말한 "죽음을 배우는 것이 곧 삶을 완성하는 일"이라는 통찰과 맞닿아 있다. 죽음을 배운다는 것은 두려움을 극복하는 일이 아니라, 완성의 가능성을 배우는 일이다.

정지용의 「유리창」은 죽음을 '투명한 창'의 이미지로 형상화한다.

유리에 차고 슬픈 것이 어른거린다
열없이 붙어 서서 입김을 흐리니
길든 양 언 날개를 파다거린다.
지우고 보고 지우고 보아도
새까만 밤이 밀려 나가고 밀려와 부딪히고,
물 먹은 별이, 반짝, 보석처럼 박힌다.
밤에 홀로 유리를 닦는 것은
외로운 황홀한 심사이어니,
고흔 폐혈관이 찢어진 채로
아아, 너는 산새처럼 날아갔구나!

아이의 죽음은 단절이지만, 동시에 남겨진 자가 세상을 바라보는 또 하나의 창이 된다. 시인은 차가운 유리창 너머의 세계를 통해 생과 사가 완전히 분리된 것이 아니라 희미하게 맞닿아 있음을 보여 준다. 보이지 않지만 여전히 존재하는 것―그것이 정지용이 그려 낸 죽음의 풍경이다.

김현승의 「눈물」은 다음과 같이 시작하고 끝맺는다.

더러는
옥토에 떨어지는 작은 생명이고저……

흠도 티도,
금가지 않은
나의 전체는 오직 이뿐!

더욱 값진 것으로
들이라 하올제,

나의 가장 나아중 지니인 것도
오직 이뿐!

아름다운 나무의 꽃이 시듦을 보시고
열매를 맺게하신 당신은,

나의 웃음을 만드신 후에
새로이 나의 눈물을 지어 주시다.

"새로이 나의 눈물을 지어 주시다"라는 한 줄은, 죽음을 통과한 자리에서 인간에게 남는 가장 순수한 흔적을 드러낸다. 그의 눈물은 단순한 슬픔의 표지가 아니라, 고통과 죽음을 정화한 뒤에야 얻을 수 있는 인간 존재의 본질이었다. 눈물은 상실의 언어이자, 삶과 죽음을 잇는 마지막 기도였다.

강은교는 「시간의 문」에서 이렇게 노래한다.

죽음은 끝이 아니다
다른 문이다
우리가 사랑하는 이를 향해 다시 열리는 문이다.

이문구의 『관촌수필』에는 죽음과 시간의 농후한 감각이 배어 있다. 공동체 속에서 한 사람의 죽음은 개인의 사건에 머물지 않는다. 그것은 마을 전체의 기억으로 이어지고, 다시 누군가의 입을 통해 이야기로 되살아난다. 죽음은 사라짐이 아니라, 남은 자들의 언어 속에서 또 한 번 살아나는 일이다. 몽테뉴가 『수상록』에서 말한 "철학한다는 것은 죽는 법을 배우는 일"이라는 문장은 이러한 한국적 삶의 풍경 속에서도 울림을 남긴다. 죽음은 삶의 끝이 아니라, 기억과 이야기로 이어지는 또 하나의 생이다.

결국 죽음을 공부한다는 것은 현재를 붙잡는 일이다. 몽테뉴는 『수상록』에서 말했다. "죽음을 준비하는 것은 자유를 준비하는 일이다." 죽음을 사유하는 사람만이 삶을 두려움 없이 바라볼 수 있으며, 그때 비로소 인간은 자신의 삶을 온전히 되찾는다. 죽음을 외면하는 순간, 삶은 피상적으로 변한다. 철학은 죽음을 배우는 일이며, 죽음을 배운다는 것은 곧 시간을 사랑하는 법을 익히는 일이다. 그것이 몽테뉴가 우리에게 남긴 가장 근원적인 가르침이었다.

;   죽음 속에서 피어난
이야기

×

보카치오, 『데카메론』

  죽음을 공부한다는 것은, 때로는 이야기를 통해 그 무게를 견디는 법을 배우는 일이다. 보카치오는 『데카메론』의 서두에서 1348년 피렌체를 휩쓴 흑사병의 참혹한 현실을 기록한다. 거리마다 시신이 쌓였고, 이웃은 서로를 피했으며, 가족은 가족을 버렸다. 종교의 기도도, 의학의 처방도 무력했다. 그는 "아버지는 아들을, 아내는 남편을 버리고 도망쳤다"고 썼다. 죽음은 단순한 질병이 아니라, 사람들 사이의 신뢰와 질서마저 해체시키는 힘이었다.

  그 한가운데 열 명의 젊은 남녀가 도시를 떠나 교외의 별

장으로 모인다. 일곱 명의 여성과 세 명의 남성. 그들이 택한 방식은 침묵이나 체념이 아니라 '이야기하기'였다. 열흘 동안 하루 열 개의 이야기를 나누며 백 편의 이야기를 엮는다. 흑사병으로 도시 인구의 절반 가까이가 사라진 시대, 서로의 이야기를 들려주는 일은 생존의 방식이자 저항의 언어였다. 『데카메론』의 인물들은 신의 구원을 기다리지 않는다. 대신 이야기를 통해 서로를 구한다. 보카치오가 흑사병 속에서 기록한 것은 죽음의 연대기가 아니라, 말하는 인간의 회복기였다.

첫째 날의 '체팔레토' 이야기는 죽음과 죄를 희화화한다. 평생 사기꾼으로 살던 체팔레토가 임종 직전 거짓으로 회개해 성인으로 추앙받는다는 내용은, 죽음을 도덕적 심판으로만 이해하던 관습을 비튼다. 웃음과 풍자를 통해 그는 죽음의 공포를 잠시 중화시키며 인간의 아이러니한 본성을 드러낸다. 이후의 이야기들은 불운 속에서도 기지와 사랑으로 운명을 극복하는 인간의 힘을 보여 준다. 죽음의 시대에도 욕망과 희망은 여전히 살아 있었다. 열째 날의 주제 '사랑의 고결함'은 죽음 속에서도 삶이 어떻게 사랑으로 맥동하는가를 보여 주는 장이다. 사랑은 죽음을 부정하는 것이 아니라, 죽음 속에서도 꺼지지 않는 생의 증언이었다.

 이 장면들을 읽으며 나는 2020년 봄, 팬데믹 초기의 뉴욕을 떠올렸다. 뉴욕타임즈는 "Voices From the Pandemic"과 "Stories From the Front Lines of the Coronavirus Pandemic" 같은 특집 보도를 통해 병동의 간호사, 의사, 환자들의 목소리를 전했다. 그들은 매일 반복되는 죽음의 현장을 견디며 "이야기하지 않으면 무너질 것 같았다"고 고백했다. 누군가의 이름이 사라지고, 또 다른 이름이 불리던 그 시간 속에서도 의료진은 서로의 이야기를 나누며 버텼다. 말하는 일, 기억하는 일, 그 자체가 생존이었다.

 그 장면은 14세기 보카치오의 『데카메론』을 떠올리게 한다. 흑사병으로 폐허가 된 도시에서 사람들은 죽음을 잊기 위해, 혹은 견디기 위해 이야기를 나누었다. 인간은 재난의 시대마다 이야기를 통해 죽음을 넘어왔다. 죽음은 반복되지만, 이야기도 그렇게 반복되며 인간을 구한다.

 가수이자 작가인 닉 케이브는 상실의 시간을 예술과 글쓰기로 견뎌 낸 사람이다. 열다섯 살 아들 아서의 죽음 이후, 그는 『Faith, Hope and Carnage』에서 슬픔을 단순한 파괴가 아니라 사랑이 변형된 형태로 바라본다고 말한다. 케이브는 책에서 "애도에는 말로 표현하기 어려운 결핍이 있다"고 하며, 사랑이 사라진 자리를 메우기 위해 글을 쓴다고 고백한다. 그의 글쓰기는 부재한 이를 되살리려는 시도가 아니라, 사랑을 다른 방식으로 이어 붙이는 행위, 즉 상실 이후에도 관계를 지속시키는 방법이다. 그에게 죽음은 사랑의 종말이 아니라, 사랑이 머무는 방식이 달라지는 순간이었다.

작가 폴 오스터에게도 글은 상실을 견디게 하는 힘이었다. 그는 개인적 불행의 시대 속에서도 글쓰기를 통해 인간의 존엄과 존재의 의미를 지켜 냈다. 보카치오의 젊은이들이 흑사병 속에서도 이야기를 엮었듯, 오스터 또한 이야기를 통해 삶을 계속 말하려 했다.

보카치오의 메시지는 분명하다. 죽음은 막을 수 없지만, 이야기는 죽음을 견디게 한다. 웃음과 위로, 풍자와 해학은 죽음의 공포를 약화시킨다. 죽음을 잠시 멈추게 하는 것은 죽음 자체가 아니라, 우리가 나누는 이야기다.

이 지점에서는 한국의 전통적 서사와 맞닿는다. 구비문학은 오랫동안 공동체가 재난과 죽음을 견디는 수단이었다. 전염병이나 흉년이 들면 사람들은 마을 굿판에서 무속인의 노래와 이야기를 통해 불안을 달랬다. 죽음의 공포는 이야기 속에서 공동체의 감각으로 흘러가며 가벼워졌다. 판소리 역시 죽음을 견디는 이야기의 힘을 보여 준다.『심청전』에서 심청은 인당수에 몸을 던져 죽음을 택하지만, 이야기는 그녀를 다시 살려 내고 맹인 아버지를 눈뜨게 한다. 죽음은 끝이 아니라, 다시 살아나는 이야기의 장이었다.

제례 또한 이야기의 연장이었다. 제사는 단순히 죽은 이를 기리는 의례가 아니라, 조상의 삶을 다시 이야기하며 후손의 세계에 그 의미를 잇는 자리였다. 제문은 죽은 자를 불러내는 언어였고, 이 과정에서 죽음은 단절이 아니라 연속의 한 장면으로 이해되었다.

근대 문학 속에서도 이야기는 죽음을 견디는 방식이었다. 황석영의『손님』은 전쟁과 학살이 남긴 집단적 죽음을 증언으로 기억하며, 공동체가 상처를 견디는 과정을 그린다. 이문열의『사람의 아들』은 신앙과 죽음의 문제를 질문과 대화로 탐문하며, 죽음을 이해하는 일이 곧 인간의 이야기를 새롭게 써 내려가는 일임을 보여 준다.

보카치오의 『데카메론』이 흑사병의 시대를 견딘 이야기였다면, 한국의 서사는 수많은 죽음을 견뎌 온 공동체의 기억이었다. 죽음은 침묵을 강요하지만, 이야기는 그 침묵에 균열을 낸다. 이야기는 개인을 살리고, 공동체를 다시 세운다.

이어령은 인간의 삶을 '이야기'라는 관점에서 바라보았다. 그는 한 인터뷰에서 "가장 부유한 삶은 이야기가 있는 삶이라네. 스토리텔링을 얼마나 갖고 있느냐가 그 사람의 럭셔리지"라고 말하며, 인간이 남기는 이야기가 삶의 가치를 결정한다고 보았다.

죽음을 앞둔 시기에도 그는 언어와 생의 의미를 탐구하는 일을 멈추지 않았다. "언어로 시작해서 언어로 끝난다는 것이 더 놀라웠다"는 그의 말처럼, 말하고 쓰는 일은 마지막 순간까지 그를 지탱한 힘이었다. 이어령에게 삶은 언어로 직조되는 서사였고, 남은 생을 정리하는 방식 역시 대화와 글이었다.

그가 남긴 말들은 지금도 우리 곁에서 살아 움직이며, 한 인간의 생은 결국 어떤 이야기를 남기느냐에 달려 있다는 그의 통찰을 조용히 이어 가고 있다.

죽음을 공부한다는 것은 결국 이야기를 배우는 일이다. 죽음을 맞이하는 태도는 시대와 문화에 따라 달라지지만, 이야기를 통해 죽음을 견디는 방식은 변하지 않았다. 철학이 죽음을 배우는 일이라면, 문학은 죽음을 견디는 일이다. 이야기는 삶의 불씨를 꺼지지 않게 지키는, 가장 오래된 인간의 무기다.

Chapter 2

철학이 던지는 죽음의 물음

;   **존재의 부재와
박탈**

셸리 케이건, 『죽음이란 무엇인가』

 죽음은 무엇인가. 숨이 멎는 순간일까, 아니면 더 이상 아무것도 될 수 없는 존재의 정지일까. 셸리 케이건은 『죽음이란 무엇인가』에서 단호히 말한다. "죽음은 존재의 끝이다. 우리가 죽으면 더 이상 존재하지 않는다. 그리고 그것은 우리가 앞으로 누릴 수 있었던 모든 좋은 것들을 빼앗아 간다." 죽음은 단순히 사라지는 사건이 아니라, 삶의 가능성이 통째로 닫혀 버리는 일이다. 그 문장을 처음 읽었을 때, 나는 한동안 그 의미를 온전히 받아들이지 못했다.

 케이건은 '영혼 불멸'의 가능성을 단호히 부정한다. 죽음

이후에도 영혼이 남아 있다고 믿는 것은 인간이 스스로를 위로하기 위한 신화일 뿐이라고 그는 말한다. 그는 강의실에서 학생들에게 이렇게 묻는다. "당신은 영혼이 있다고 믿나요?" 대부분의 학생들이 손을 든다. 그러나 그는 되묻는다. "그렇다면 그 영혼이 무엇인지 설명할 수 있나요?" 침묵이 흐른다. 케이건은 그 침묵을 파고들며 이렇게 말한다. "우리가 죽음 이후의 생을 상상하는 이유는, 죽음을 견디기 어렵기 때문이다." 죽음은 철저히 개인적인 사건이지만, 인간은 그 사건을 직접 경험할 수 없다. 왜냐하면 '죽음'은 내가 존재하지 않는 상태이기 때문이다. 그것이 그가 말하는 '죽음의 역설'이다.

그는 아리스토텔레스 이후의 형이상학적 전통, 데카르트의 이원론, 종교적 영혼관을 하나씩 비판하며 결국 "죽음은 나의 존재가 끝나는 일이며, 내가 더 이상 아무것도 경험하지 못하는 상태"라고 결론짓는다. 죽음은 고통이 아니다. 왜냐하면 고통을 느끼기 위해서는 '느끼는 자'가 존재해야 하는데, 죽음의 순간 이후에는 그런 주체가 존재하지 않기 때문이다. 하지만 그렇다고 해서 죽음이 무의미한 것은 아니다. 오히려 죽음은 삶의 의미를 가장 강하게 드러내는 경계선이다.

케이건의 논리에서 핵심은 죽음의 '박탈' 개념이다. 그는 『죽음이란 무엇인가』에서 죽음이 나쁜 이유를 이렇게 설명한다.

죽음은 고통을 느끼게 하기 때문이 아니다. 오히려 죽음 이후에는 고통을 느낄 주체조차 존재하지 않는다. 죽음이 진정으로 나쁜 까닭은 내가 살아 있었다면 누릴 수 있었던 모든 좋은 것들—경험, 관계, 기쁨, 성장—을 송두리째 박탈하기 때문이다. 이것이 철학에서 말하는 '박탈 이론(deprivation account)'이다.

죽음은 우리가 가질 수 있었던 미래의 모든 가능성을 닫아 버린다. 그러나 역설적으로, 바로 그 박탈의 인식이 현재를 더 강렬하게 살게 만든다. 죽음을 의식하지 않는 사람은 미래가 끝없이 이어져 있다고 착각하지만, 죽음을 직시하는 사람은 삶이 유한하다는 것을 인식하기에 매 순간을 더욱 소중한 선물로 받아들인다.

죽음은 언제나 거창한 사건으로 다가오는 것은 아니다. 일상의 작은 무너짐 속에서도 우리는 그 그림자를 느낀다. 몇 해 전, 지방 출장을 준비하던 날이었다. 기차표를 예매하고, 숙소를 잡고, 스케줄을 꼼꼼히 확인했다. 그러나 출발 당일, 갑작스러운 어지럼증으로 기차역에서 쓰러지고 말았다. 사람들이 몰려들었고, 누군가는 119를 불러야 한다며 웅성거렸다. 나는 괜찮다고 말했지만, 몸은 도무지 말을 듣지 않았다. 결국 출장은 가지 못했고, 역 화장실 한구석에 겉옷을 깔고 두 시간 가까이 누워 있었다. 어떻게 집으로 돌아왔는지는 기억나지 않는다. 침대에 누워 창밖을 바라보는데, 이상한 허무감이 밀려왔다. 그 출장에서 마주할 풍경과 대화, 모든 경험들이 한순간에 사라진 듯했다. 그때 깨달았다. 죽음이란 결국, 우리가 살아갈 수 있었던 모든 가능성들이 한순간에 삭제되는 일이라는 것을. 그 '없어짐'의 감각 속에서, 나는 처음으로 삶의 실재를 느꼈다.

죽음을 의식하지 않는 사람은 삶을 무한히 이어지는 시간으로 착각하지만, 죽음을 직면한 사람은 살아 있다는 사실 자체가 귀한 선물임을 더 깊이 깨닫는다. 죽음에 대한 성찰은 오히려 삶을 더 강렬하게 받아들이게 만드는 힘이 된다.

스피노자는 『에티카』 제4부에서 말했다. "자유로운 인간은 죽음에 관하여 거의 생각하지 않는다. 그의 지혜는 죽음이 아니라 삶의 묵상에 있다." 그에게 현명함이란 죽음을 두려워하지 않는 상태가 아니라, 삶을 깊이 이해하고 사랑하는 태도였다. 죽음을 두려워한다는 것은 곧 삶을 외면하는 일이며, 인간의 자유는 죽음을 초월한 '삶의 기쁨' 속에서 실현된다. 스피노자에게 생은 단절된 시간이 아니라, 매 순간 새롭게 흐르는 영원의 일부였다. 존재의 기쁨을 온전히 인식하는 그 순간, 인간은 이미 죽음을 넘어선다.

이런 점에서 셸리 케이건의 '박탈' 개념은 스피노자의 사유와 맞닿아 있다. 케이건은 죽음을 "우리가 누릴 수 있었던 기쁨과 사랑, 관계의 가능성을 잃는 일"이라 정의하지만, 동시에 그 상실의 자각이야말로 '지금 살아 있음'을 더 깊이 깨닫게 한다고 말한다. 죽음은 삶을 빼앗는 동시에, 그 가치를 더욱 선명하게 비추는 거울인 셈이다.

스티브 잡스가 세상을 떠난 뒤, 그의 딸 리사 브레넌-잡스는 여러 인터뷰에서 이렇게 말했다. "아버지가 세상을 떠난 뒤에도, 나는 여전히 마음속에서 그와 이야기를 나눈다. 그것이 그와의 대화를 이어 가는 방법이었다." (가디언, 2018. 9.)

리사는 회고록 『Small Fry』에서 생전에 전하지 못했던 말들을 써 내려가며, 부재 속에서도 아버지와의 관계를 다시 써 내려갔다. 그녀에게 글쓰기는 상실을 기억으로 바꾸는 행위이자, 사랑을 복원하는 길이었다. 스피노자는 『에티카』 제3부에서 "기쁨은 인간이 더 큰 완전성으로 나아가는 능동적 상태"라고 말했다. 리사의 글쓰기 또한 그 '기쁨의 능동성'을 보여 준다. 죽음이 모든 가능성을 닫는 듯 보여도, 남은 이들은 언어와 기억을 통해 관계를 새롭게 이어 가며 다시 삶으로 나아간다.

케이건은 죽음이 나쁘다는 사실이 우리가 불행 속에서 살아야 한다는 뜻은 아니라고 말한다. 죽음의 성격을 이해하는 일은 삶이 무엇으로 이루어져 있는지, 우리가 어떤 선(善)을 붙들고 살아가는지를 되돌아보게 한다. 삶의 가치를 분명히 보는 일은 죽음을 생각할 때 오히려 선명해진다.

그에게 죽음을 사유한다는 것은 절망을 키우는 일이 아니라, 삶의 좋은 것들이 얼마나 유한하고 귀한지 다시 깨닫는 과정이었다. 죽음을 진지하게 바라볼 때, 우리는 지금 살아 있다는 사실의 의미를 더 깊이 감각하게 된다. 죽음을 이해하는 일은 결국, 삶을 더 충실하게 이해하는 일에 다름없기 때문이다.

나는 종종 늦은 밤 이런 질문을 스스로에게 던진다. "내일 내가 사라진다면, 오늘의 나는 무엇을 남기고 갈 수 있을까?" 그러면 불안과 함께 이상한 평화가 찾아온다. 죽음을 생각하는 일은 내일의 공포가 아니라, 지금의 선명함을 불러온다. 커피 한 잔의 온기, 친구의 웃음, 바람에 흔들리는 커튼 한 장까지도 유의미해진다. 철학자 어빈 얄롬이 『태양을 직면하기』에서 말했듯, "죽음의 물리적 사실은 우리를 파괴하지만, 죽음을 생각하는 일은 우리를 구원한다." 죽음은 육체를 무너뜨리지만, 그것을 성찰하는 행위는 오히려 인간을 더 단단하게 만든다. 죽음을 잊고 살 때보다, 죽음을 의식할 때 삶의 밀도는 훨씬 더 깊어진다. 죽음의 그림자를 마주하는 순간, 우리는 비로소 하루의 빛을 온전히 느끼게 된다. 죽음은 삶의 반대가 아니라, 삶을 가장 선명하게 비추는 거울이기 때문이다.

삶이 유한하다는 사실은 잔인하지만, 동시에 아름답다. 죽음이 모든 것을 박탈하기에, 우리는 오늘의 시간과 존재를 사랑할 수 있다. 셸리 케이건의 말처럼, 죽음은 존재의 부재이지만, 그 부재를 생각하는 일은 삶의 본질을 비추는 가장 맑은 거울이다. 죽음은 언젠가 우리 모두에게 도착할 결말이지만, 그 결말을 미리 생각하는 일은 삶을 다시 시작하게 만든다. 죽음은 모든 것을 빼앗지만, 그 박탈의 인식 속에서만 삶은 제 얼굴을 드러낸다.

;　　**부조리의
　　　충돌**

알베르 카뮈, 『시지프 신화』

죽음에 대해 생각하는 일은 언제나 인간을 철학의 가장 깊은 자리로 이끈다. 알베르 카뮈는 『시지프 신화』의 첫 문장에서 말했다. "참으로 진지한 철학적 문제는 오직 하나뿐이다. 그것은 자살이다." 이 문장은 철학의 모든 주제보다 먼저 던져야 할 근본적인 물음을 담고 있다. "삶은 과연 계속 살아갈 만한가?"

삶은 우리가 살아야 할 이유를 찾아가는 과정이지만, 동시에 그 이유를 잃어버린 순간을 견뎌야 하는 시간이기도 하다. 카뮈가 말한 '부조리'는 바로 그 틈에서 생겨난다. 인간은 세상의 의미를 알고 싶어 하지만, 세상은 아무 대답도 하지 않는다. 의미를 찾으려는 인간과 침묵하는 세계가 맞부딪히는 그 자리가 바로 부조리의 시작이다. 그는 "인간과 그의 삶, 배우와 무대 장치의 절연(絶緣), 이것이 다름 아닌 부조리의 감정이다"라고 썼다.

인간은 세상을 이성으로 설명하려 하지만, 세계는 설명되지 않는다. 신은 침묵하고, 죽음은 언제나 예고 없이 다가온다. 그러나 카뮈는 이 부조리 앞에서 절망하지 않는다. 오히려 묻는다. "이런 세계 속에서도 살아야 할 이유가 있는가?" 그에게 자살은 철학적 질문의 출발점이지 해답이 아니다. 자살은 부조리로부터의 도피이며, 인간이 스스로 선택할 수 있는 유일한 자유, 즉 '살 것인가, 포기할 것인가'를 스스로 박탈하는 행위이기 때문이다.

카뮈에게 진정한 용기는 살아 있음 그 자체에 머무는 일이다. 그는 "부조리를 인식한 인간은 그것을 거부하는 대신, 그 위에 머물러야 한다"고 말한다. 부조리를 없애려 하거나 초월하려는 순간 인간은 다시 신이나 이념에 의지하게 되고, 그것은 또 다른 속박으로 이어진다. 카뮈는 이를 '철학적 자살'이라 불렀다. 신의 질서로 세계를 설명하려는 자, 혹은 초월을 꿈꾸는 자는 이미 현실의 부조리에서 도망친 것이다.

그렇다면 어떻게 살아야 하는가. 카뮈는 신화를 불러온다. 끝없이 바위를 산 위로 밀어 올리는 시지프. 바위는 다시 굴러 떨어지고, 그는 또다시 그것을 들어 올린다. 무의미하고 반복되는 노동 속에서도 시지프는 절망하지 않는다. 오히려 그는 자신의 운명을 자기 것으로 받아들인다. 카뮈는 말했다. "산정(山頂)을 향한 투쟁 그 자체가 한 인간의 마음을 가득 채우기에 충분하다. 행복한 시지프를 마음에 그려 보지 않으면 안 된다." 세계는 의미를 주지 않지만, 인간은 의미를 창조할 수 있다. 그 자유의 순간, 인간은 더 이상 희생자가 아니다.

죽음 또한 카뮈가 말한 부조리의 연장선에 있다. 인간은 언젠가 죽을 것을 알면서도 살아간다. 그 사실을 안다는 것은 유한함을 자각한다는 뜻이다. 그러나 카뮈에게 죽음은 절망의 이유가 아니다. 오히려 죽음의 확실성 때문에 삶은 더욱 강렬해진다.

삶에 본래적인 의미는 없을지라도, 인간은 그 무의미 속에서 의미를 창조할 수 있다. 죽음을 피할 수 없다는 사실을 받아들이면서도 삶을 긍정하는 것, 바로 그것이 카뮈가 말한 '부조리한 인간'의 윤리다.

카뮈의 철학은 궁극적으로 '반항'의 철학이다. 그는 『반항하는 인간』에서 썼다. "나는 반항한다. 그러므로 우리는 존재한다." 반항은 단순한 저항이 아니라, 무의미한 세계 속에서도 의미를 계속 만들어 가려는 의지다. 죽음은 우리를 멈추게 하지만, 반항은 그 멈춤 속에서도 다시 걷게 한다. 부조리 속에서도 인간은 사랑하고, 말하고, 창조한다. 그것이 카뮈가 남긴 인간의 존엄이다.

삶은 언제나 무대를 전제로 하지만, 그 무대는 언제든 무너질 수 있다. 조명이 꺼지고, 대본이 사라져도 배우는 연기를 멈출 수 없다. 죽음은 그 사실을 우리 앞에 가장 냉정하게 들이민다. 그러나 우리는 여전히 연기해야 한다. 세계는 무관심하게 돌아가고, 우리는 그 안에서 의미를 만들어야 한다.

한때 나는 원고 작업에 몰두해 매일 새벽까지 일을 했다. 모니터 불빛만이 방 안을 비추었고, 하루의 끝과 다음 날의 시작은 희미하게 뒤섞였다. 불을 끄면 불안이 깨어나고, 메신저 알림은 쉼 없이 울렸다. 어느 날 새벽, 커피잔을 내려놓으며 문득 생각했다. '내일 눈을 뜨지 않는다면, 이 하루는 도대체 무엇이었을까?' 살아 있으면서도 이미 사라진 듯한 그 공허함, 그것이 바로 카뮈가 말한 부조리였다. 세상은 여전히 흘러가는데, 나만 투명해져 가는 감각. 그것은 삶과 나 사이의 느릿한 '이혼(離婚)'이었다.

신들의 벌을 받은 시지프는 끝없이 바위를 밀어 올려야 하지만, 그는 멈추지 않는다. 그 반복 속에서 그는 자기 존재를 확인한다. 절망은 끝이 아니라, 살아 있다는 증거였다.

2023년 9월, 모로코를 강타한 진도 6.8 규모의 대지진은 2,900명 이상의 목숨을 앗아 갔다. CNN과 BBC는 무너진 도시 마라케시와 아틀라스 산맥 인근 마을의 참혹한 현장을 전했다. 많은 주민들이 맨손으로 돌을 들어 올리며 가족과 이웃을 찾았고, 구조대는 절망 속에서도 생존자를 향한 희망을 놓지 않았다.

그 절망적인 장면 속에서 인간은 여전히 삶을 향해 나아가고 있었다. 그 장면이 카뮈의 문장과 겹쳐졌다. 죽음을 앞에 두고도 돌멩이를 들어 올리는 사람들의 손, 그것이 바로 시지프의 손이었다. 절망의 현실 속에서도 멈추지 않는 인간, 무너진 세계 속에서도 여전히 손을 뻗는 인간. 그 행위는 비록 무의미해 보여도, 그 자체가 삶의 증거이자 저항의 형식이었다.

카뮈는 부조리를 부정하거나 초월로 도피하는 것은 '철학적 자살'이라며, 인간은 부조리와 함께 살아가야 한다고 말했다. 그에게 진정한 용기란 부조리를 초월하는 일이 아니라, 그 위에 머무르며 끝까지 살아 내는 일이었다. 그것은 희망을 버리라는 뜻이 아니라, 허위의 위안을 거부하고 진실한 희망을 스스로 만들어야 한다는 의미였다.

재난의 현장에서 돌 하나를 옮기는 사람들의 손길은 바로 그런 희망의 형태였다. 신이 침묵한 세계에서도 인간은 여전히 움직이고, 의미를 만든다. 그 부조리한 세계 속에서 돌을 들어 올리는 일, 그것이 바로 살아 있음의 정의였다.

삶의 부조리는 피할 수 없다. 그러나 그 안에서도 인간은 여전히 돌멩이 하나를 들어 올릴 수 있다. 그것이 카뮈가 말한 반항의 방식이고, 인간이 끝내 살아가는 이유였다. 바위가 다시 굴러 떨어질 것을 알면서도 그것을 밀어 올리는 일, 무너진 폐허 앞에서 손을 내미는 일, 그 모든 행위 속에 인간의 존엄이 있다.

오늘도 나는 나의 바위를 밀어 올린다. 글을 쓰고, 지우고, 다시 쓴다. 언젠가 이 문장들이 사라질 것을 알면서도, 지금 이 문장을 붙드는 행위가 나를 살린다. 그것이 나의 시지프적 반항이며, 삶에 대한 가장 인간다운 응답이다. 우리는 모두 시지프처럼 매일의 바위를 조금씩 밀어 올리며 살아간다. 그리고 그 과정 속에서야 비로소, 우리는 삶의 진짜 얼굴을 본다.

삶을 되돌아보는 심판대

×

레프 톨스토이, 『이반 일리치의 죽음』

삶이란 무엇일까? 평소에는 쉽게 지나치지만, 어느 날 문득 우리의 앞을 가로막는 질문이다. 익숙한 풍경이 낯설어지고, 하루를 살아 낸다는 일이 실은 '버텨 낸 것'이었음을 깨닫는 순간, 삶은 더 이상 당연하지 않다. 나 역시 그런 저녁을 겪은 적이 있다. 지인의 장례식장을 다녀온 날이었다. 늘 걷던 거리와 들르던 카페, 바람의 온도마저도 낯설었다. 집에 돌아와 책장 앞에 멈춰 섰을 때, 무심코 손에 닿은 책 한 권. 레프 톨스토이의 『이반 일리치의 죽음』이었다. 왜 하필 그날, 그 책이었을까? 지금 돌아보면, 그 고요한 순간이 내 안의 어떤 진실을 조용히 두드리고 있었던 것 같다. 책장을 넘기다

마주한 문장이 나를 멈춰 세웠다. "나는 진정으로 살아 본 적이 있는가?" 그것은 문장이 아니라, 내 삶을 향한 심문이었다. 나는 '열심히' 살아왔다고 믿었지만, 그 삶이 과연 '나의 것'이었는지 단 한 번도 묻지 않았음을 그제야 깨달았다.

이반 일리치는 러시아 제국의 법관이었다. 누구보다 성실했고, 남들이 보기엔 완벽히 성공한 사람이었다. 그러나 죽음을 앞두고 그는 처음으로 자신에게 묻는다. "만약 내가 평생 잘못 살아온 것이라면?" 평생을 오르막길이라 믿었지만, 죽음의 문턱에서야 그것이 내리막길이었음을 깨닫는다. 타인의 시선 속에서 완벽해 보였던 삶이 실은 자기 진실로부터 얼마나 멀리 떠나 있었는지를, 그는 마지막에야 자각한다. 그 깨달음은 단순한 후회가 아니라, 사회가 규정한 '성공'이라는 이름 아래 가려져 있던 존재의 공허함과의 충돌이었다.

키에르케고르는 『죽음에 이르는 병』에서 인간의 절망을 "죽음에 이르는 병"이라 불렀다. 그것은 육체의 소멸이 아니라, '자기 자신이 되지 못하는 병', 곧 자기 진실로부터 멀어진 상태를 뜻한다. 그는 말했다. "절망은 죽음에 이르는 병이다. 그러나 이 병은 죽음으로 끝나지 않는다. 오히려 죽지 못하는 병이다." 인간은 죽음을 두려워하지만, 정작 살아 있으면서 자신으로 존재하지 못할 때 더 깊은 절망에 빠진다. 죽음을 의식한다는 것은 결국 '자기 자신으로 깨어나는 일'이며, 존재의 근원을 다시 마주하는 순간이다.

그가 또 다른 저서 『불안의 개념』에서 말했듯, "불안은 자유의 가능성에서 비롯된다." 인간은 죽음을 인식할 때, 자신의 유한성과 자유를 동시에 자각한다. 그 불안은 도망쳐야 할 감정이 아니라, 자기 존재를 되찾기 위한 각성의 신호다.

죽음은 삶의 마지막 사건이 아니라, 존재의 진실을 드러내는 거울이다. 평생 타인의 시선을 좇아 살던 이반 일리치가 마지막에 던진 질문 ― "만약 내 인생 전체가 잘못된 것이었다면?" ― 은 곧 우리 모두의 질문이기도 하다. 우리는 대체로 사회가 정한 성공의 각본 속에서 살아가지만, 죽음은 그 익숙한 각본을 찢고 들어오는 절대적인 타자처럼 다가온다. 죽음은 묻는다. "너는 정말 네 삶을 살았는가?"

이반의 곁에는 조용히 한 인물이 서 있었다. 하인 게라심. 그는 병든 주인을 정성껏 돌보며 죽음의 냄새조차 두려워하지 않았다. 톨스토이는 썼다. "게라심은 그 일을 가뿐히, 기꺼이, 그저 선한 마음으로 해주었고, 이반 일리치는 감동했다." 어느 날 게라심은 말했다. "우리는 모두 죽게 될 텐데요. 수고하지 않을 이유가 어디 있겠습니까?" 그 단순한 말 속에는 인간 존재의 평등에 대한 깊은 인식이 담겨 있었다. 죽음 앞에서 인간은 누구나 같다.

게라심의 돌봄은 의무가 아니라 연민이었다. 그는 병든 주인을 불쌍히 여긴 것이 아니라, 그와 자신을 같은 인간으로 느꼈다. 그것은 한나 아렌트가 『인간의 조건』에서 말한 '함께-살기'의 윤리와 닮아 있다. 인간은 고립된 존재가 아니라 타자와의 관계 속에서 비로소 자신을 이해한다. 게라심은 그 관계의 진심을 가장 조용한 방식으로 증명했다.

이반 일리치의 죽음 곁에서, 톨스토이는 묻는다. "진정으로 살아 있다는 것은 무엇인가?" 죽음은 두려움의 사건이 아니라, 인간이 자기 존재를 되찾는 자리다. 죽음 앞에서야 비로소 삶의 진실이 선명해진다. 게라심이 보여 준 태도는 두려움이 아니라 존재의 평등을 받아들이는 용기였다. 그리고 그 용기 속에서 이반은 죽음의 문턱에서 처음으로 '삶'을 이해한다.

이반은 마지막 순간, 고통을 회피하지 않고 껴안음으로써 존재의 마지막 진실에 닿는다. 죽음을 두려워하던 그는 아내와 아들을 연민으로 바라보며 생각한다. "그들을 괴롭히지 않게 되어 다행이다." 그 순간 그는 자기중심적 공포를 벗어나 타인을 향한 사랑과 이해의 상태로 나아간다. 죽음은 그에게 파멸이 아니라 구원이 된다. "죽음은 없었다. 오직 빛만이 있었다." 톨스토이는 결말을 그렇게 마무리한다.

『이반 일리치의 죽음』은 결국 죽음을 통해 삶을 재구성하는 이야기다. 현대 사회는 죽음을 두려움의 대상으로, 슬픔을 빠르게 정리해야 할 감정으로 치부하지만, 이반의 외침은 그 냉담한 문명 속에서 인간의 근원적인 외로움을 드러낸다. 그는 탄식한다. "그들은 모두 거짓말을 하고 있다. 나의 고통을 이해하려 하지 않는다." 이 말은 시대를 넘어선 인간의 외침이다. 우리는 서로의 고통을 외면한 채 효율과 생산성의 언어 속에서 살아간다. 그러나 죽음은 그 모든 논리를 멈추게 만든다. 그 침묵의 자리에서 인간은 비로소 자신에게 묻는다. "지금 나는, 나로 살고 있는가?"

삶은 타인의 각본이 아니다. 그것은 내가 써야 할 고유한 서사다. 죽음을 직면한다는 것은 그 서사를 다시 내 손에 쥐겠다는 조용하지만 단단한 선언이다. 그리고 그 선언은 단 하나의 문장에서 시작된다. "나는 진정으로 살아 본 적이 있는가?"

그 질문이야말로 삶을 되돌아보는 심판대이자, 다시 살아가게 하는 출발점이다.

; 죽음을 향해-감

마르틴 하이데거, 『존재와 시간』

 살다 보면 예기치 않게 일상의 바닥이 꺼지는 순간이 있다. 평소와 다르지 않은 하루였는데, 문득 모든 소음이 멎고 내가 서 있던 자리가 낯설게 느껴질 때가 있다. 내게는 몇 해 전, 한 후배의 부고 소식을 들었던 날이 그랬다. 아직 마흔도 되지 않은 나이였다. 병이라는 고통 속에서 죽음은 그 아이의 모든 가능성을 순식간에 덮어 버렸다. 그날 이후 나는 일상의 표면 아래 늘 깔려 있던 '죽음의 기척'을 처음으로 인식했다. 죽음은 언제나 그렇게, 아무런 예고 없이 우리 삶의 문턱을 넘어온다.

하이데거는 『존재와 시간』에서 단언한다.

죽음은 모든 존재가 불가능해지는 가능성이다.

그에게 죽음은 단순한 생의 종말이 아니라, 인간 존재의 구조 그 자체였다. 인간은 태어나는 순간부터 이미 죽음을 향해 걸어가기 시작한다. 그는 인간을 "죽음을 향해-가는 존재"로 규정하며, 이 '의식된 유한성'이야말로 인간을 진정한 실존으로 이끄는 힘이라고 말했다. 그러나 대부분의 사람들은 그 사실을 직면하지 못한다. 하이데거는 이러한 회피의 삶을 '그들'의 존재 방식이라 부르며, 그것을 '진정성 없는 일상적 존재'로 비판했다.

'그들'은 죽음을 말하지만 결코 자기 일로 받아들이지 않는다. 뉴스 속의 사고, 병실의 죽음, 장례식장의 조문은 언제나 남의 일이다. 하이데거는 이 익명성의 세계에서 벗어날 때 비로소 인간이 '자기 자신으로서 존재'할 수 있다고 보았다. 나는 후배의 죽음 이후에도 한동안 그것이 '나와 상관없는 일'이라 믿었다. 그러나 시간이 지나면서 그의 이름, 목소리, 웃음이 내 일상 속으로 스며들었다. 그제야 알았다. 죽음은 타인의 사건이 아니라, 내 존재의 중심을 흔드는 근원적인 가능성이라는 것을.

죽음을 향해 산다는 것은 절망 속에서 사는 일이 아니다. 오히려 죽음을 의식할 때 비로소 오늘의 순간이 얼마나 선명한지를 깨닫게 된다. 죽음은 삶을 파괴하지 않는다. 오히려 삶을 더 깊게 만든다. 우리는 모두 언젠가 그곳으로 간다는 사실을 알기에, 지금의 시간은 더욱 귀해진다. 하이데거는 말한다. 죽음을 자기 몫으로 받아들일 때 인간은 비로소 본래적 실존으로 선다.

그의 철학은 추상적인 개념이 아니라, 삶의 근원적 감각에 대한 통찰이었다. 죽음을 외면할수록 인간은 삶을 표면적으로 살아가게 된다. '그들' 속에서, 사회의 기대와 타인의 시선 속에서 우리는 마치 영원히 살 것처럼 하루를 소비한다. 그러나 죽음의 자각은 그 허위의 안전을 무너뜨린다. 죽음을 자기 일로 받아들이는 사람만이 시간의 유한함을 자각하고, 매 순간을 진실하게 살아간다.

그 이후로 나는 사소한 일 앞에서도 자주 멈춰 섰다. 미뤄

둔 인사, 나중에 해야지 했던 말, 언젠가 쓰겠다고 쌓아 두었던 글들. 죽음을 의식하자 모든 '언젠가'는 사라졌다. 지금 아니면 안 된다는 생각이 나를 붙잡았다. 하루를 그런 마음으로 살 때, 나는 오히려 덜 불안해졌다. 삶은 완벽해지지 않았지만 훨씬 더 진실해졌다.

철학자 칼 야스퍼스는 인간이 '한계상황' 속에서 깨어난다고 말했다. 병, 투쟁, 죄책, 그리고 죽음―그것들은 인간이 피할 수 없는 절대적인 벽이다. 그는 『철학』에서 "한계상황은 인간이 결코 벗어날 수 없는 조건이며, 그 안에서 인간은 자신에게 되돌아간다"고 썼다. 그 벽 앞에서 인간은 외부의 도움을 기대할 수 없고, 오직 자기 자신에게로 돌아간다. 바로 그 순간, 인간은 비로소 '실존'으로 깨어난다. 후배의 장례식에서 돌아오던 날, 세상은 변하지 않았지만 내 시선은 달라져 있었다. 내 삶의 표면에 덮여 있던 얇은 막이 걷힌 듯했다. 그리고 나는 글을 쓸 때마다 스스로에게 묻게 되었다. "나는 지금, 누군가의 시간을 진심으로 대하고 있는가?"

죽음을 외면하는 사회일수록 삶은 얄팍해진다. 현대 사회는 죽음을 불편한 사건으로 취급하고, 병과 노화, 상실을 감취야 할 실패처럼 여긴다. 그러나 하이데거는 경고한다. 인간이 자신의 유한성을 회피할수록, 삶은 '그들'의 세계 속으로 흘러가 버린다. 그는 "죽음을 자기 자신에게 고유한 가능성으로 받아들이는 것"이야말로 인간이 본래적 실존에 도달하는 길이라 말했다. 죽음을 타인의 일로만 여기면, 인간은 익명의 세계 속에서 스스로의 존재를 잃는다.

야스퍼스가 말한 '한계상황'과 하이데거가 말한 '죽음의 자각'은 맞닿아 있다. 피할 수 없는 벽 앞에서 인간은 스스로를 다시 구성한다. 병과 상실, 죽음은 인간의 연약함을 드러내지만, 동시에 존재의 깊이를 일깨운다. 그 벽을 마주한 인간만이 자신에게 주어진 시간을 진심으로 산다. 죽음을 생각하는 일은 두려움의 연습이 아니라, 삶을 더 깊이 사랑하는 연습이다.

지인 K는 노인 요양원에서 봉사활동을 하며, 이 철학의 현실적인 의미를 새삼 느꼈다고 했다. 병상에 누워 계신 어르신들은 죽음에 한 걸음 더 가까이 다가서셨지만, 그들의 눈빛은 오히려 평온했다. K가 "죽음이 무섭지 않으세요?"라고 묻자, 한 어르신은 미소 지으며 말했다. "무섭죠. 그런데 무섭다고 해서 피할 순 없잖아요. 그래서 요즘은 하루하루가 그냥 선물이에요." 그 말을 전해 들으며 나는 깨달았다. 죽음을 생각하는 것은 두려움이 아니라, 감사의 또 다른 이름이었다. 죽음을 기억하는 사람은 오늘을 절실히 붙잡는다.

하이데거의 철학은 결국 삶의 철학이었다. 그는 인간이 태어나는 순간부터 이미 "죽음을 향해-가는 존재"라고 말했다. 죽음은 단순한 생의 끝이 아니라, 모든 존재를 가능하게 하면서 동시에 그것을 종결시키는 궁극의 가능성이다. 죽음을 자기 자신의 것으로 받아들일 때, 인간은 비로소 본래적 실존으로 선다. 그때 죽음은 삶을 포기하게 만드는 것이 아니라, 오히려 삶을 다시 내 손에 쥐게 하는 경험이 된다. '죽음을 향해 산다'는 말은 절망이 아니라 자유의 선언이다.

나는 여전히 죽음이 두렵다. 그러나 그 두려움이야말로 나를 깨어 있게 한다. 하이데거는 '두려움'과 '불안'을 구분했다. 두려움은 구체적인 대상에 대한 감정이지만, 불안은 대상이 없는 감정이다. 그는 이 '불안'을 통해 인간이 자기 존재의 근원적 유한성을 깨닫는다고 보았다. 죽음에 대한 불안은 인간을 마비시키는 것이 아니라, 자기 자신에게로 되돌아가게 한다.

삶은 유한하기에 찬란하다. 죽음을 향해 간다는 것은 바로 그 유한성 속에서 자신에게 주어진 시간을 더 깊이 살아 내는 일이다. 언젠가 무너질 이 존재를 알기에 우리는 오늘을 더욱 단단히 붙잡는다. 죽음을 잊지 않는 사람만이, 진정으로 산다.

; **죽음과
죽어감**

×

**엘리자베스 퀴블러 로스,
『죽음과 죽어감』**

가을도 아닌데, 가슴속에 오래도록 찬바람이 불었다. 『죽음과 죽어감』의 첫 장을 펼치자, 서문에 실린 이해인 수녀의 시가 눈에 들어왔다.

매일 조금씩 / 죽음을 향해 가면서도 / 죽음을 잊고 살다가 / 누군가의 임종 소식에 접하면 / 그를 깊이 알지 못해도 / 가슴속엔 오래도록 / 찬바람이 분다.
— 이해인, 「죽음을 잊고 살다가」

그 찬바람은 예고 없이 불어오는 것 같지만, 사실은 오래

전부터 내 안에 잠재해 있었다. 살아 내기 위해 외면했던 두려움, 언젠가 반드시 마주해야 할 상실에 대한 막연한 공포가 조용히, 그러나 꾸준히 내 안을 채워 가고 있었던 것이다. 죽음은 멀리 있지 않았다. 다만, 우리가 외면했을 뿐이다.

얼마 전 뉴스에서 한 간호사의 인터뷰를 보았다. 그는 말기 암 병동에서 수많은 죽음을 지켜봤다고 했다.
"죽음은 하루에도 여러 번 찾아오지만, 익숙해지지 않아요. 다만, 떠나는 사람의 손을 마지막까지 잡아 주는 일이 제가 할 수 있는 전부라는 걸 알게 되었죠."
그 짧은 말이 오래 남았다. 죽음 앞에서 우리가 할 수 있는 일은 언제나 작지만, 그 작음이야말로 가장 인간적인 위로였다. 누군가의 손을 잡는 일은 단순한 위로의 행위가 아니라, '함께 있음의 윤리'였다. 퀴블러 로스가 생애 전반에 걸쳐 강조했던 것도 바로 그것이었다.

엘리자베스 퀴블러 로스는 죽음을 의학의 실패로 보지 않았다. 오히려 그것은 인간이 자기 존재의 깊이를 새롭게 마주하는 시간이라고 했다. 그녀는 병상 위의 환자들로부터 삶의 진실을 배웠다. 『죽음과 죽어감』에서 로스는 '부정—분노—협상—우울—수용'의 다섯 단계를 제시하며, 죽음을 맞이하는 인간의 내면을 세밀하게 그렸다. 그러나 그것은 단순한 심리학적 구분이 아니라, 유한성을 자각한 인간이 자신을 다시 세우는 통과의례였다.

로스는 『인생 수업』에서 말했다.

죽어 가는 이들이야말로 우리에게 삶에 대해 가장 많은 것을 가르쳐 준다.

나는 친구에게 들은 한 이야기를 잊지 못한다. 친구의 어머니는 암 선고를 받은 뒤, 처음엔 그 사실을 믿지 않으셨다고 한다. "이건 검사 오류야." 며칠을 부정 속에 지내시다가 곧 분노가 찾아왔다. 가족에게, 세상에, 신에게조차 화를 냈다. 그러다 어느 날 손녀의 초등학교 졸업식 날짜를 달력에 적으며 말했다. "적어도 저 날까진 버텨야지." 그것이 협상의 시작이었다. 그리고 몇 주 후, 약속을 지키고 난 뒤에야 조용히 눈을 감으셨다. 그 여정은 퀴블러 로스가 관찰한 인간의 다섯 정서와 정확히 닮아 있었다. 죽음은 단절이 아니라, 삶이 완성되는 마지막 문장처럼 느껴졌다.

『죽음과 죽어감』은 우리 사회가 죽음을 어떻게 대하고 있는지를 정직하게 비춘다. 병원에서도 죽음은 점점 조용히 밀려난다. 환자 곁에 앉은 의료진은 정해진 절차를 따라 움직이지만, '마지막 순간을 함께한다'는 감정은 희미해지고 있다. 로스는 말했다.

우리는 생명을 연장하는 데에는 익숙하지만, 정작 죽음을 마주하는 일에는 서툴다.

그녀의 말처럼, 우리는 생명을 '연장'하는 기술을 발전시켰지만, '마무리'의 기술—죽음을 존엄하게 맞이하고 곁에 머무는 능력—은 점점 잃어 가고 있다.

한 간호사는 로스를 다룬 다큐멘터리를 보고 이렇게 말했다고 전해진다. "나는 환자가 마지막까지 그들의 목소리를 들을 수 있다고 조용히 알려 주며, 가족들이 마지막 작별을 건넬 수 있도록 곁을 지켜왔다." 이 말은 퀴블러 로스가 평생 전하려 한 메시지와 닮아 있다. 죽음의 본질은 떠남이 아니라, 끝까지 누군가의 곁에 머무는 일에 있었다.

로스는 『죽음과 죽어감』 이후에도 여러 저서에서 실제 환자들의 이야기를 기록했다. 로스가 죽음 연구를 시작한 계기는 1962년 콜로라도대학교 의대의 한 강의실에서였다. 백혈병으로 죽어 가던 열여섯 살 소녀가 학생들 앞에 서자, 의대생들은 혈액 수치와 예후 같은 의학적 질문만 던졌다. 그러자 소녀는 오히려 학생들에게 되물었다.

"왜 아무도 내가 죽어 간다는 사실을 솔직하게 말해 주지 않는 거죠? 고등학교 졸업파티에 가지 못한다는 건 어떤 의미일까요?"

강의실은 침묵했고, 조교였던 로스는 말했다.

"이제야 여러분이 과학자가 아니라 인간으로 돌아왔군요."

이 경험 이후 로스는 말기 환자들의 내면을 기록하기 시작했다. 『죽음과 죽어감』이 성인 말기 환자의 목소리를 담았다면, 『어린이와 죽음』에서는 어린이들이 죽음을 어떻게 이해하는지를 탐구했다. 그녀는 여러 사례를 통해, 어린이들은 죽음을 성인보다 더 자연스럽게 받아들이며, 자신의 고통보다 남겨질 가족을 더 깊이 걱정하는 경향이 있다고 적고 있다.

로스는 회고록 『생의 수레바퀴』에서도 같은 사실을 되짚는다. 아이들은 죽음을 공포의 사건이 아니라 관계의 변화로 받아들이며, 자신보다 사랑하는 이들이 받을 상처를 더 마음에 담아 둔다고 말한다. 그녀는 그 경험을 통해 깨달았다. 죽음은 단절이 아니라, 인간의 마음이 가장 순수한 형태로 드러나는 순간이라는 것을.

로스의 연구는 결국 하나의 결론으로 모였다. 죽음을 배우는 일은 삶을 다시 회복하는 일이라는 것이다. 그녀는 말기 환자들과 오랜 시간 대화를 나누며 인간이 상실과 슬픔을 통해 오히려 삶의 본질을 더 깊이 붙잡게 된다는 사실을 수없이 목격했다. 로스와 심리치료가 데이비드 케슬러는 『상실수업』에서 슬픔을 병이나 장애로 취급하는 현대적 시각을 명확하게 비판했다. 케슬러는 이렇게 쓴다.

슬픔은 장애도, 병도, 약함의 표시도 아니다. 그것은 정서적 · 육체적 · 영적 필연이다.

그들의 핵심 메시지는 명확했다. 우리가 슬퍼하는 이유는 사랑했기 때문이라는 것. 케슬러는 또 말했다.

우리는 사랑했기 때문에 슬퍼한다.

이처럼 슬픔은 멈춰야 하는 감정이 아니라, 사랑이 형태를 바꾸어 이어지는 과정이다. 로스는 수많은 임종의 현장에서 죽음이 관계를 단절시키는 사건이 아니라 남아 있는 사람들에게 사랑을 다시 발견하게 만드는 자리라는 것을 확인했다.

그녀는 『죽음과 죽어감』의 마지막 장에서 한 환자가 간호사의 손을 잡은 채 평온히 눈을 감는 장면을 기록했다.

죽음이 찾아왔을 때, 그것은 평화로웠다. 두려움은 없었고, 오직 평온이 있었다.

로스에게 죽음의 순간은 절망이 아니라, 긴 여정의 귀환이었다.

죽음을 안다는 것은, 결국 오늘의 삶을 귀하게 여기는 일이다. 오늘의 대화, 오늘의 웃음, 오늘의 따뜻한 눈길—어쩌면 마지막이 될지도 모를 하루의 풍경을 사랑하는 일이다. 퀴블러 로스는 말했다.

> 우리가 이 땅에서 머무는 시간이 유한하다는 사실을 진정으로 알고 이해하게 될 때—그리고 그 시간이 언제 끝날지 알 수 없다는 것을 깨닫게 될 때—우리는 비로소 매일을, 마치 단 하나뿐인 날인 것처럼 온전히 살아가기 시작한다.

죽음을 배운다는 것은 곧 이렇게 사는 일이다. 오늘의 숨을 더 깊이 들이쉬고, 지금 곁에 있는 이의 이름을 더 자주 불러 주는 것. 살아 있다는 것이 얼마나 위태롭고도 아름다운 일인지, 그 사실을 잊지 않는 것.

오늘의 이 눈빛을, 이 숨결을, 이 존재를.
그대로, 고맙게, 사랑하는 것.

; 언어는 세계로
돌아가는 다리

×

장 아메리, 『죄와 속죄의 저편』

죽음을 우리는 흔히 생명의 종말로 이해한다. 그러나 장 아메리에게 죽음은 훨씬 더 일찍 시작되었다. 아우슈비츠의 고문실에서 그는 이미 '세계에 대한 신뢰'를 잃었고, 시간은 더 이상 연속적인 흐름이 아니라 부서진 파편처럼 느껴졌다. 그에게 고문은 단순한 육체의 파괴가 아니었다. 그것은 인간을 세계로부터 추방하는 사건이었다. 아메리는 『죄와 속죄의 저편』에서 이렇게 썼다. "고문당한 사람은, 영원히 고문당한 사람으로 남는다." 그리고 또 말했다. "고문은 세계에 대한 신뢰를 파괴한다." 아메리에게 세계에 대한 신뢰의 상실은 곧 '집'을 잃는 일이었다. 여기서 집은 단순한 거처가 아니라, 인간이 세계와 관계를 맺고 시간을 이어 가던 방식 전체를 의미했다. 고문은 그 기반을 무너뜨렸고, 그는 더 이상 세계 안에 머물 수 없었다. 그 경험 이후 시간은 그에게 연속이 아니라 잘려나간 단면처럼 체감되었고, 오직 끊어지지 않는 고통의 현재만이 남았다.

이 문장을 읽을 때마다 나는 배우 크리스토퍼 리브의 얼굴을 떠올린다. 그는 영화 〈슈퍼맨〉의 주인공으로 전 세계의 상징이었지만, 1995년 승마 중 낙마 사고로 목 아래가 마비되었다. 사고 이전 그는 강인한 신체와 명성을 가진 배우였으나, 그날 이후 스스로 몸을 움직일 수 없게 되었고 인공호흡기에 의지해 살아야 했다. 사고 이후 그는 깊은 충격과 상실의 시간을 겪었고, 한 인터뷰에서 이렇게 말했다. "처음에는 충격의 시간이 오고, 그다음에는 혼란과 상실 속에서 애도하는 시기가 찾아온다. 그 이후에는 두 가지 선택이 있다. 하나는 창밖을 바라보며 서서히 무너져 가는 것이고, 다른 하나는 가진 것이 무엇이든 모두 동원해 긍정적인 일을 해내는 것이다." 그가 다시 삶을 선택할 수 있었던 중심에는 희망이 있었다. 리브는 훗날 "희망을 선택하는 순간, 모든 것이 가능해진다"라고 말하며 새로운 삶의 기준을 세웠다. 그는 척수

손상 연구와 재활 지원을 위한 '크리스토퍼 리브 재단'을 설립하고 장애인 인권 활동에 적극적으로 나섰다. 그의 삶은 돌이킬 수 없는 상실 속에서도 인간이 어떻게 세계와 관계를 다시 맺고, 삶을 재구성할 수 있는지를 보여 주는 하나의 증언이었다.

그리고 나는 이와 비슷한 투쟁을 또 한 사람에게서 본다. 스티븐 호킹. 그는 스물한 살에 루게릭병 진단을 받았다. 의사들은 그가 2년밖에 살지 못할 것이라 했지만, 그는 반세기 넘게 살아남았다. 몸의 대부분이 마비되어 휠체어와 음성 장치에 의지했지만, 그는 끝까지 사유를 멈추지 않았다. 우주의 기원과 시간의 본질을 탐구하며, 인간의 의식이 신체의 한계를 넘어설 수 있음을 보여 주었다. 그는 말했다. "내 몸은 제한되어 있지만, 내 마음은 자유롭다." 병이 그의 육체를 멈추게 했지만, 시간까지는 빼앗지 못했다. 세상은 그를 '병든 몸'이라 불렀지만, 그는 오히려 생각함으로써 인간이 얼마나 자유로울 수 있는지를 증명했다.

아메리가 고문 속에서도 글을 통해 세계와 다시 연결되려 했듯, 호킹 또한 멈춘 육체 안에서 사유의 시간을 이어 갔다.

두 사람 모두 고통을 통해 인간이 얼마나 깊이 세계와 맞닿을 수 있는지를 보여 주었다. 고통은 인간을 무너뜨리지만, 동시에 인간을 다시 인간으로 만든다.

아메리는 고문이 남긴 상처를 "세계에 대한 신뢰가 파괴되는 사건"이라고 보았다. 아메리에게 고통을 말한다는 행위는 과거로 돌아가려는 시도가 아니라, 고문이 가져온 세계와의 단절을 스스로 인식하는 방식이었다. 그는 자신의 경험을 숨기지 않고 언어로 남겼고, 그 기록은 고문이 인간에게 남기는 상처가 사라지지 않는다는 사실을 증언하기 위한 것이었다.

『죄와 속죄 너머』는 절망 속에서 인간의 존엄을 다시 세우려는 시도였다. 아메리는 신에게 의지하지 않았고, 용서나 구원의 언어 대신 인간의 목소리와 증언의 윤리를 믿었다. 고통을 감추지 않고 세계 앞에 드러내는 용기―그 행위가 인간을 다시 인간으로 만든다. 그에게 '말한다'는 것은 단순한 발화가 아니라, 부서진 세계의 파편을 다시 잇는 일이었다.

죽음은 누구에게나 닥쳐오지만, 아메리가 보여 준 건 죽음이 종말로 오기 전에 이미 시작된다는 사실이었다. 고통이 시간을 무너뜨릴 때 우리는 이미 작은 죽음을 겪는다. 그러나 그 무너짐 속에서도 우리가 서로의 이야기를 듣고, 기록하고, 다시 말할 수 있다면, 인간은 여전히 세계와 이어져 있다. 고통을 증언하는 목소리는 과거의 기록이 아니라, 미래로 건너가는 다리다. 죽음이 시간을 붕괴시킬 때, 언어는 그것을 다시 이어 붙이는 유일한 힘이다.

Chapter 3

애도의 풍경과
남겨진 자들

; ## 죽음 앞의
고독과 부조리

알베르 카뮈, 『이방인』

아버지의 장례식 날, 나는 울지 않았다. 아니, 울 수 없었다. 슬픔은 분명 내 안에 있었지만, 그것은 터져 나오지 않고 가슴 깊은 곳에 가라앉은 침묵으로만 존재했다. 감정은 언어를 잃었고, 몸은 표현을 멈췄다. 나는 그저 묵묵히 서서 아버지를 배웅했을 뿐이었다. 그러나 사람들은 나의 침묵을 슬픔으로 받아들이지 않았다. "넌 어떻게 아빠가 돌아가셨는데 울지도 않니?"라는 물음은 위로가 아니라 판단이었다. 그 순간 나는 사회가 애도를 단 한 가지 방식으로만 허용한다는 사실을 알게 되었다.

그로부터 시간이 지난 뒤, 나는 알베르 카뮈의 『이방인』을 읽었다. 그리고 메르소를 만났다. 그는 어머니의 장례식에서 눈물을 흘리지 않았다. 대신 담배를 피우고 커피를 마셨다. 아무 말 없이 햇빛을 바라보던 그 장면은, 오히려 세상의 냉혹함보다도 더 깊은 침묵을 품고 있었다. 그러나 사회는 그 침묵을 '무감정'이라 불렀다.

재판정에서 검사는 메르소가 살인을 저질렀다는 사실보다, 어머니의 장례식에서 울지 않았다는 사실을 더 오래 논했다. 그의 가장 큰 죄는 '감정의 결여'였다. 메르소는 결국 사회가 규정한 정서의 문법을 따르지 않았다는 이유로 유죄를 선고받는다. 그의 죄는 살인이 아니라, 사회가 기대한 슬픔의 형식을 어긴 것이었다.

그 장면을 읽으며 나는 아버지의 장례식장에서의 나를 떠올렸다. 사람들은 여전히 눈물로 슬픔을 측정하고, 침묵을 냉정이라 판단한다. 하지만 애도의 방식은 왜 하나여야만 하는가? 카뮈의 세계에서 메르소는 부조리한 사회의 거울이다. 그는 거짓된 감정 표현을 거부함으로써, 인간이 '진실하게 산다는 것'이 무엇인지 보여 준다.

사회는 진심보다 형식을 믿는다. 그래서 우리는 종종 애도를 눈물의 양으로 오해한다. 그러나 슬픔은 마음의 깊이에서 태어나는 기억이다. 슬픔을 드러내지 않았다고 해서 그것이 존재하지 않는 것은 아니다. 오히려 침묵 속의 애도가 더 오래 남는다. 『이방인』을 덮고 난 뒤, 나는 메르소의 침묵이 단지 무감정이 아니라 감정의 또 다른 언어였음을 이해했다. 그 침묵은 사회가 강요한 '눈물의 연극'에 대한 저항이자, 슬픔을 진실하게 품는 인간의 마지막 존엄이었다.

사람들은 타인의 감정 표현을 통해 인간됨을 확인받고 싶어 한다. 쇼펜하우어는 "동정은 도덕의 유일한 근거이며, 모든 선한 행위의 원천이다"라고 말했다. 그러나 공감은 언제나 눈물이나 언어처럼 명시적인 표시로만 확인되지 않는다. 어떤 이는 울음을 터뜨리고, 누군가는 고개를 숙이며, 또 다른 이는 말없이 자리를 지킨다. 하지만 사회는 여전히 침묵과 무표정을 불편해한다. 그것은 해석할 수 없는 신호이기에 불안을 일으키고, 그 불안은 곧 해석이라는 이름의 폭력으로 바뀐다. 침묵은 무관심으로, 무표정은 비인간성으로 단정된다. 감정은 그렇게 재단되고, 타인의 내면은 존중이 아니라 규정의 대상이 되어 버린다.

가브리엘 마르셀은 『존재의 신비』에서 이렇게 말했다. "존재의 신비는 타인과의 만남 속에서 드러난다." 그는 인간의 관계를 '문제'가 아니라 '신비'로 보았다. 타인은 이해하거나 분석해야 할 대상이 아니라, 끝내 다 알 수 없는 신비 그 자체다. 그래서 우리는 타인을 판단하기보다 그 존재 앞에 머물러야 한다. 애도 역시 그런 머묾의 행위다. 울음이든 침묵이든, 타인의 고통 앞에 머무는 그 자체가 이미 응답이다.

나는 장례식장에서 그저 고개를 숙이고 서 있었다. 누군가에게는 그것이 무감정처럼 보였을지 모르지만, 지금 돌아보면 그 침묵조차 아버지의 마지막 시간을 함께 건너는 또 하나의 방식이었다. 슬픔은 반드시 눈물로 증명되어야 하는 것이 아니다. 때로는 아무 말 없이 그 자리에 존재하는 것만으로 충분히 깊은 사랑이 된다.

죽음을 앞둔 순간에도 메르소는 회한이나 구원을 말하지 않았다. 대신 이렇게 말한다. "나는 행복했었고, 지금도 여전히 행복하다." 부조리한 삶 앞에서도 삶을 긍정하는 이 태도야말로 카뮈가 말한 '반항'이다. 삶이 우리에게 의미를 주지 않아도, 우리는 여전히 살아야 한다. 의미 없음 속에서도 정직하게 존재하는 것, 그것이 존엄이다.

그 구절을 읽으며 나는 장례식장 밖에서 흩날리던 빗방울을 떠올렸다. 그날의 침묵은 무감각이 아니라, 너무 벅차서 차마 흘러넘칠 수 없던 감정이었다. 애도는 큰 울음이 아니라, 기억을 지키는 일이다. 우리가 누군가의 부재를 기억하는 순간, 그 사람은 완전히 사라지지 않는다. 진정한 애도란 눈물의 양이 아니라, 잊지 않으려는 태도에서 비롯된다. 정직한 내면과 위선 없는 감정—바로 그것이 슬픔을 존엄하게 만드는 윤리다.

오늘날 우리는 감정을 연출하고 소비하는 시대를 산다. SNS에는 '감동적인 척', '행복한 척', '깊은 척'하는 이미지들이 넘쳐난다. 슬픔마저도 해시태그와 필터로 편집된다. 그러나 카뮈의 메르소는 그런 사회적 연기를 거부했다. 그는 끝까지 자기 자신으로 남았다. 키에르케고르는 『죽음에 이르는 병』에서 "절망은 자기 자신이 되기를 원하지 않는 상태"라 했다. 메르소는 그 절망을 넘어, 절망 속에서도 자기 자신이 되기를 선택했다.

결국 중요한 것은 감정의 정직함이다. 누군가는 울고, 누군가는 침묵한다. 그 다양한 방식이 모두 존중받아야 한다. 사회는 '해석의 욕망'을 내려놓아야 한다. 모든 감정은 해석되지 않아도 존재할 수 있다. 해석보다 먼저 필요한 것은 존중이다. 그 존중이야말로 인간의 고요한 내면에 숨은 진실을 살아 있게 만든다.

아버지의 장례식 날, 내가 흘리지 못한 눈물은 슬프지 않아서가 아니라, 나만의 방식으로 애도하고 있었기 때문이었다. 갑자기 떠나간 사람 앞에서 울지 못한 것이었다. 『이방인』은 말한다. 애도는 단 하나의 언어로 고정되지 않는다. 울음이든 침묵이든 무표정이든, 그것이 정직하다면 모두 애도의 얼굴이다. 그 다양한 얼굴들이 존중받는 사회야말로, 죽음 앞에서 인간됨을 잃지 않는 사회다.

; **삶의 유한성을 묻다**

×

**류이치 사카모토,
『나는 앞으로 몇 번의 보름달을
볼 수 있을까』**

밤하늘에 둥근 달이 뜨면 나는 걸음을 멈춘다. 달빛은 사물의 윤곽을 지우고, 남은 것들의 본질을 드러낸다. 그때마다 내 안에서 하나의 문장이 켜진다. "앞으로 나는 몇 번이나 더 보름달을 바라볼 수 있을까." 폴 볼스는 『The Sheltering Sky』에서 이렇게 썼다. "우리는 언제 죽을지 모르기 때문에 삶을 마르지 않는 우물처럼 여긴다. 그러나 모든 일은 고작 몇 번 일어나지 않는다." 인간은 삶이 무한하다고 믿지만, 실제로 중요한 순간은 손가락으로 셀 만큼 적다. 몇 번의 여행, 몇 번의 포옹, 몇 번의 만월. 그 셈법은 잔인하면서도 자비롭다. 왜냐하면 그 '몇 번'이야말로 오늘을 더욱 또렷하게 빛나게 만들기 때문이다.

류이치 사카모토는 그 질문을 끝까지 붙들고 살았다. 2014년 인후암 진단 후 "이제 저는 암과 함께 살아가게 될 것입니다"라고 썼다. 병을 '물리쳐야 할 적'으로 말하기보다, 앞으로의 시간을 병과 함께 살아가는 과정으로 받아들이겠다는 태도였다. 그는 그 시간을 중단이 아니라 음악을 계속하기 위한 또 다른 조건으로 받아들였다. 무엇보다 그에게 남은 것은 싸움의 언어가 아니라, 가능한 시간 동안 음악을 계속 만들고자 하는 단단한 의지였다.

그의 마지막 앨범 〈12〉는 날짜로만 구성된 12개의 곡으로 이루어져 있다. 각 트랙은 선언이 아니라 일기의 한 줄이다. 음표 사이의 여백과 멈춤, 그리고 호흡이 오히려 더 큰 음악을 만든다. 사카모토는 생전에 말했다. "침묵도 음악이다." 〈12〉는 바로 그 침묵의 음악이었다.

나는 그 음을 들을 때마다 병실 창밖의 달을 떠올린다. 아버지는 당뇨와 신부전증, 중풍으로 오랜 세월 병상에 누워 계셨다. 밤이면 링거대의 금속이 달빛을 받아 희미하게 반짝였다. 그 빛을 보며 나는 배웠다. '살아 있는 것'과 '죽어 가는 것'이 얼마나 가까운지를. 사카모토가 마지막 음을 눌러 남긴 침묵과 아버지의 숨 사이사이에 깃들던 고요는 내 안에서 하나의 시간으로 겹쳤다.

몇 해 전, 배우 강수연이 세상을 떠났다는 소식을 들었을 때, 나는 오랫동안 TV 속 그 미소를 떠올렸다. 얼마 전까지 영화제 무대에서 환하게 웃던 얼굴이었기에, 그 부고는 믿기지 않았다. 그렇게 선명하던 사람이 하루아침에 사라질 수도 있구나. 그날 이후 '마지막일지도 모른다'는 감각은 더 이상 두려움이 아니었다. 오히려 삶을 정리하게 만드는 힘이 되었다. 관계는 단정해지고, 말은 절약되고, 사랑이 점점 더 구체적이 되었다. "나는 앞으로 몇 번의 보름달을 볼 수 있을까"라는 질문은 결국 "나는 앞으로 몇 번이나 사랑할 수 있을까"라는 물음으로 바뀌었다.

류이치 사카모토는 말년에 남은 시간이 많지 않다는 사실을 담담히 받아들이며 이렇게 적었다.

내게 남은 시간이 그리 많지 않다.

애도의 풍경과 남겨진 자들

가능한 한 오래 음악을 하고 싶다.

죽음에 대해 직접 말하지 않았지만, 그의 언어는 유한성을 깊이 의식한 사람만이 사용할 수 있는 결이었다. 그에게 하루하루는 더 이상 당연한 시간이 아니었다. 음악을 계속할 수 있다는 사실 자체가 선물처럼 다가오는 순간들이었다.

이 지점에서 나는 시간 자체를 다시 묻는다. 카를로 로벨리는 『시간은 흐르지 않는다』에서 절대적인 시간은 없다고 말했다. 시간은 흐르지 않는다. 다만 관계의 밀도 속에서 느려지거나 빨라질 뿐이다. 이 말을 삶에 대입해 보면, '많아 보이는 시간'이란 없다. 느슨한 하루는 길지만 비어 있고, 침묵의 하루는 짧지만 가득하다. 사카모토가 곡명에 날짜만 남긴 이유도 그 때문일 것이다. 절대시간이 사라진 자리에서 남은 것은 관계의 시간, 곧 '누군가와 무엇을 어떻게 함께 보냈느냐'의 시간이다.

빅터 프랭클은 『죽음의 수용소에서』에서 고통을 끝으로 보지 않았다. 그는 극한의 조건 속에서도 인간이 의미를 찾을 수 있다고 말하며, 고통이 새로운 의미와 만나는 순간 그것은 더 이상 단순한 고통으로 남지 않는다고 보았다. 절망의 바닥에서조차 인간은 다시 자기 존재를 세울 수 있다고 믿었던 것이다.

프랭클에게 고통과 허무는 삶이 무너지는 지점이 아니라, 오히려 자신의 근원을 마주하게 되는 통과의 자리였다. 그 심연을 지나오는 경험 속에서 삶은 이전보다 더 단단해지고, 존재는 새로운 방향을 갖게 된다.

류이치 사카모토가 "암과 함께 살아가겠다"고 말했던 태도 역시 프랭클의 사유와 닮아 있었다. 병을 부정하거나 싸우는 대신, 그 조건 속에서 의미를 찾으려는 삶. 그에게 병의 시간은 파괴의 시간이 아니라, 음악을 통해 자신에게 허락된 시간을 다시 조율하는 새로운 장이었다.

조앤 디디온은 『상실』에서 말했다. "나는 그의 구두들을 남에게 줘버릴 수 없었다. 잠시 그렇게 서 있다가 왜 그럴 수 없는지 깨달았다. 존이 돌아오면, 구두가 필요할 테니까." 그녀가 말한 '마법 같은 생각'은 현실을 부정하는 환상이 아니라, 사랑의 관성이었다. 나 역시 장례를 치르는 며칠 동안 그 책을 떠올렸다. 슬픔은 이성이 따라잡지 못하는 속도로 흐른다. 시간이 감정을 치유하는 것이 아니라, 감정이 시간을 새롭게 만든다는 것을 그때 알았다.

정현종은 시에서 "사람이 온다는 건, 실로 어마어마한 일"이라 했다. 누군가와 차를 마시고 몇 마디 안부를 나누는 일이 느슨해 보이지만, 사실은 하늘에서 내려오는 일에 가깝다. 만남의 횟수는 유한하고, 대화의 양은 적으며, 기억의 그릇은 작다. 그렇기에 한 번의 만남은 하나의 보름달이고, 한 잔의 차는 한 곡의 음악이다.

나는 때때로 사카모토의 마지막 공연 영상을 본다. 그는 한 음을 누르고, 그 음이 사라질 때까지 기다린다. 관객들은 기침조차 삼키며 그 침묵을 함께 견딘다. 그 장면은 이렇게 말하는 듯하다. 예술은 '시간을 버틴 흔적'이고, 삶은 '버틴 시간을 예술처럼 다듬는 일'이다. 우리의 하루가 그처럼 조용히 아름다워질 수 있다면, 그것으로 충분하다.

2023년 3월 28일, 류이치 사카모토는 도쿄의 병원에서 조용히 눈을 감았다. 그의 소속사 commmons는 "그가 사랑하던 음악과 함께 평화롭게 떠났다"고 전했다. 그날 밤 도쿄의 하늘이 어떤 모습이었는지 기록으로 남아 있지는 않지만, 많은 이들은 그의 마지막 날을 떠올릴 때 차분한 달빛 같은 고요를 함께 기억한다. 그의 음악이 남긴 여운이, 그 고요 속에서 오래도록 머물렀기 때문이다.

어쩌면 우리 모두는 저마다의 방식으로 이별을 준비하며 살아가는 사람들인지도 모른다. 달은 매달 다시 차오르지만, 우리가 그것을 볼 수 있는 횟수는 유한하다. 그래서 나는 작은 실천들을 만들었다. 만월 전날이면 가까운 사람에게 안부를 보낸다. 오늘이 마지막처럼 글 한 꼭지를 마무리한다. 미뤄 둔 사과를 내일로 넘기지 않는다.

C. S. 루이스는 『헤아려 본 슬픔』에서 말했다. "사별(死別)이란 사랑의 경험상 보편적이고 필수적인 부분이다." 그 문장을 붙들면 죽음은 삶의 반대가 아니라, 사랑이 지속되는 또 다른 형태로 이해된다. 슬픔은 결핍이 아니라 남아 있는 사랑의 증거다. 그의 음악은 여전히 떠오르고 기울며, 우리의 밤을 건너간다. Ars longa, vita brevis.—예술은 길고, 인생은 짧다. 나는 그 말을 이렇게 다시 쓴다. "예술은 시간을

길게 하고, 짧은 인생은 예술을 부른다." 그러므로 오늘의 한 문장, 한 음, 한 번의 보름달이면 충분하다.

앞으로 나는 몇 번의 보름달을 더 볼 수 있을까. 그 셈은 두렵지만, 셈을 할수록 오늘이 또렷해진다. 만약 그 횟수가 스무 번이라면, 나는 그 스무 번을 위해 사랑하고, 기다리고, 쓰겠다. 보름달 아래에서 우리가 서로의 시간을 조금 덜 낭비할 수 있다면, 그로써 이미 구원이 시작된 것이다.

;　　**남겨진 집,
　　　남겨진 자**

×

김완, 『죽은 자의 집 청소』

　누군가 떠난 뒤, 그 자리는 더 이상 '그 사람의 자리'가 아니다. 그것은 공기 속에 남은 온기와 기억이 엉켜 있는 풍경이다. 유년 시절 동네 골목을 걷다 문득, 폐가가 된 한 집 앞에서 발걸음을 멈춘 적이 있다. 오래전 누군가 살았던 흔적이 남아 있었다. 정원엔 잡초 사이로 시든 장미가 자라고 있었고, 대문에는 녹이 슬어 있었다. 창문 너머로 보인 커튼은 색이 바래 희미한 노을빛을 머금고 있었다. 마치 그 집이 아직도 누군가의 귀환을 기다리는 듯했다. 그곳에는 더 이상 사람이 살지 않지만, 삶의 잔향만은 여전히 남아 있었다. 나는 그때 처음으로 깨달았다. 집이란 사람이 떠난 뒤에도 그를 기억하는 방식으로 존재한다는 것을. 비어 있는 공간이 오히려 가장 많은 이야기를 품고 있었다.

『죽은 자의 집 청소』 속 사람들은 그런 일을 직업으로 한다. 저자 김완은 장례지도사이자 특수청소업체 대표로, 고독사 현장을 정리하며 이 책을 썼다. 그는 아무도 오지 않는 방 안에서 누군가의 마지막 흔적을 처음이자 마지막으로 마주한다. 그 일은 단순한 청소가 아니라, 삶의 파편을 읽어 내는 감수성의 노동이다. 사용하다 만 치약, 마지막으로 열어 둔 메시지, 서랍 속 반쯤 접힌 편지―그 사물들은 고인의 삶을 한 문장씩 완성해 왔다. 청소부들은 그 문장들을 정리하며 자기 방식의 애도를 배운다. 남겨진 자의 손끝에서 죽은 자의 시간이 천천히 정리될 때, 죽음은 더 이상 낯선 일이 아니라, 우리가 언젠가 맞이해야 할 삶의 또 다른 이름이 된다.

나는 문득, 오래전의 내 습관을 떠올렸다. 젊은 시절, 혼자 살던 작은 원룸에서 나는 늘 같은 생각을 했다. '혹시 오늘 내가 세상에서 사라진다면, 누군가가 내 방을 보겠지.' 그 생각은 단정함의 강박으로 이어졌다. 침대보를 곱게 펴고, 책을 가지런히 쌓고, 쓰다 만 편지를 봉투에 넣어 두던 버릇은 죽음을 희망해서가 아니라 남겨질 사람들에 대한 예의였다.

 '치우기'는 곧 일종의 응답이다. 죽음은 불가항력으로 닥치지만, 그에 대한 우리의 반응은 언제나 선택이다. 우리는 흔히 "시간이 치유한다"고 말하지만, 진짜 변화는 '행위'에서 온다. 장례를 치르고, 물건을 정리하고, 사진을 액자에 넣는 일—그 손들의 반복이 남은 자들의 마음을 조금씩 앞으로 밀어준다. 작은 의례와 반복의 행위가 무너진 일상을 수선하는 방식이다. 프랑스의 작가이자 랍비인 델핀 오르빌뢰르는 Tablet 인터뷰에서 이렇게 말했다. "삶과 죽음의 경계는 생각보다 훨씬 더 얇고 스며드는 것이었다." 이 말은 그가 어머니를 포함해 수많은 죽음을 배웅하며 깨달은 통찰이었다. 그 말처럼, 준비와 상관없이 닥쳐오는 죽음 앞에서 우리가 할 수 있는 일은 단 하나다. 남은 순간들을 어떻게 정리하고 응답할지, 그 방식을 스스로 선택하는 것.

 빅터 프랭클은 "모든 것을 빼앗을 수 있어도, 그에 대한 나의 태도만은 빼앗을 수 없다"고 말했다. 극한의 상황에서도 인간은 '어떤 태도'를 선택할 수 있으며, 그 선택이 삶의 의미를 만든다. 누군가의 방을 치우는 일도 그런 태도의 표현이다. 바람 빠진 이불을 다듬고, 그가 쓰던 컵을 닦고 나면, 그 사람의 삶에 대해 한 문장쯤은 꿰어 말할 수 있게 된다. 그 문장은 남은 사람에게 '이해'이자 '마지막 선물'이 된다. 정리의 행위는 고통을 완전히 덜어 주진 않지만, 남겨진 자들이 다시 살아갈 작은 동력을 만든다.

스웨덴에는 '죽음 정리'라는 관습이 있다. 인생의 말미에 자신의 물건을 미리 정리해 남은 가족에게 부담을 줄이는 문화다. 마르가레타 망누손은 『내가 내일 죽는다면』에서 이를 단순한 청소가 아닌 "사랑의 행위"라 부르며, 죽음을 삶 속으로 끌어오는 이 실천이 자신과 타인을 모두 정돈하게 만든다고 말한다.

그러나 '정리의 미학'이 모든 슬픔을 치유하는 것은 아니다. 하루를 대하는 방식이 달라지면, 집 안의 사소한 사물조차 다른 의미를 띤다. 마지막 옷, 아이에게 남길 쪽지, 서랍 속 사진 한 장—그 모든 것들이 결국 누군가의 내일을 바꾼다. 정리는 실무를 넘어선 행위다. 그것은 우리가 어떤 방식으로 기억되고 싶은가, 그리고 어떻게 사랑을 남길 것인가에 대한 조용한 윤리의 선택이다.

어떤 물건은 치우기 어렵다. 그것들은 단순한 사물이 아니라 기억을 담은 통로이기 때문이다. 부모가 남긴 낡은 의자, 다 써버린 일기장, 오래된 축음기—이 물건들 앞에서 우리는 종종 멈춰 선다. 그 '멈춤'은 단지 슬픔이 아니다. 그것은 기억의 재배치이자 관계의 재정렬이다. 톨스토이의 『이반 일리치의 죽음』에서 주인공은 죽음을 앞두고 자신이 살아온 삶의 공허함을 깨닫는다. 삶의 마지막에서야 삶의 진정성을 묻는 이 비극은, 남겨진 물건을 정리하는 우리 모두의 질문과 닮아 있다. 우리는 지금 무엇을 남기고 있는가? 누군가가 내 흔적을 정리할 때 어떤 문장을 꿰어 줄 것인가?

'치우기'에는 용기가 필요하다. 어떤 물건은 버리기가 미안해서이고, 어떤 것은 남겨 두면 누군가가 계속 상처받을 것 같아 버리는 것이다. 아버지의 장례 이후 빈 방을 정리하면서 나는 그제야 눈물을 참지 못했다. 그것은 단지 슬픔이 아니라 책임의 무게다. 남겨진 컵을 버리는 순간, 나는 아버지가 세상에 남긴 일상의 흔적을 지우는 듯한 죄책감을 느꼈다. 동시에 나는 기억이란 결국 재현된 이미지라는 것도 안다. 사진과 편지, 그리고 사소한 소지품들은 우리의 기억을 끊임없이 자극하고 되살린다. 그래서 정리는 잊음과 기억 사이의 섬세한 균형을 잡는 일이었다.

책을 덮으며 나 자신에게 묻는다. 내가 남기고 싶은 것은 무엇인가. 남겨진 자가 내 흔적을 보며 위로를 받길 바라는가, 혹은 담담히 살아가길 바라는가. 답은 단순하지 않다. 그러나 한 가지는 분명하다. 남김의 방식은 타인을 향한 배려에서 비롯된다. 물건을 정리하는 손끝에는 "당신이 편하길 바란다"는 마음이 스며 있어야 한다.

죽음은 타인의 일이면서 동시에 나의 문제다. 내 집을 정리하는 일, 내 물건을 고르는 일, 내 마지막을 상상하는 일― 그것들은 모두 지금 여기서 할 수 있는 작은 연습들이다. 누군가의 집을 치우는 일은 결국, 우리가 어떤 삶을 선택하고 싶은지를 묻는 일이다. 남겨질 이들이 내 삶을 어떻게 읽을지 상상하며 오늘을 조금 더 단정히 사는 것. 그것이 바로 삶의 예의이고, 남겨진 이들에게 줄 수 있는 가장 큰 선물일지도 모른다.

집은 비어 갈지 몰라도, 그 사람이 남긴 삶의 자국은 누군가의 손길로 정리되고, 누군가의 기억 속에서 다시 살아나 또 다른 방식으로 이어져 간다.

; **죽음과 화해의
장례**

×

영화 〈축제〉

　때로는 한 편의 영화가 죽음의 얼굴을 새롭게 보여 주기도 한다. 임권택 감독의 〈축제〉는 그중 하나다. 작가 이청준의 동명 장편소설을 원작으로 한 이 영화는, 어머니의 장례를 중심으로 슬픔과 화해, 삶과 죽음이 교차하는 인간의 풍경을 담았다. 장례는 마을 사람들이 모여드는 공동의 사건이 되고, 통곡 속에서도 웃음이 피어난다. 영화는 어머니의 죽음을 통해 한 가족이 서로를 이해하고, 마을이 다시 살아 움직이는 과정을 그린다. 나는 그 장면들 속에서 죽음이 한 개인의 종결이 아니라, 삶 전체를 흔들고 다시 배우게 하는 거대한 사건임을 보았다.

영화는 작가 오제수(안성기)가 어머니의 부고를 듣고 고향으로 내려가는 장면으로 시작된다. 장례는 곧 마을의 일로 번지고, 상복을 입은 가족과 이웃들이 한데 모인다. 울음과 웃음이 교차하는 장면들 속에서 삶의 리듬이 되살아나는 듯했다. 누군가는 고인의 생전 이야기를 하며 웃고, 누군가는 술잔을 기울이며 눈시울을 붉힌다. 그 장면은 장례가 슬픔의 끝이 아니라, 공동체가 다시 살아나는 시작임을 보여 준다. 나는 그 화면 속에서 오래전 할아버지의 장례를 떠올렸다. 처음엔 낯설었던 웃음이, 사실은 슬픔을 견디는 또 다른 방식이었음을 깨달았다. 〈축제〉는 죽음을 밀어내지 않고 삶의 한가운데로 끌어안는 태도, 바로 한국적 애도의 본질을 보여 준다.

〈축제〉는 죽음을 개인의 사건이 아니라 공동체의 사건으로 그린다. 영화 속 어머니의 죽음은 가족의 관계를 다시 드러내고, 오래 묻어 두었던 상처를 마주하게 만든다. 장례의 의례 속에서 감정이 폭로되고, 오해가 해소되며, 끊겼던 대화가 다시 이어진다. 죽음은 공동체를 해체하지 않는다. 오히려 끊어진 관계를 다시 잇는 언어가 된다.

나는 영화 속 곡소리 장면을 유심히 보았다. 자식들의 울음과 친척들의 통곡은 단순한 감정의 폭발이 아니라, 공동체가 사용하는 사회적 언어였다. 곡소리는 슬픔을 나누는 장치이자, 잃어버린 유대를 되살리는 의례였다. 나 또한 할아버지의 장례에서 그 울음을 들었다. 울음이 공기를 진동시키던 그 순간, 나는 '이 죽음은 나의 일'이라는 감각을 처음으로 느꼈다. 울음은 개인의 언어가 아니라, 인간이 가장 오래전에 배운 위로의 방식이었다.

〈축제〉 속 장면들은 바로 그 다층성을 보여 준다. 통곡 속의 웃음, 제사 밥상 위로 오가는 농담, 그리고 마당에서 뛰노는 아이들의 웃음소리. 아이들의 웃음은 죽음이 끝이 아니라 생명의 순환임을 상징한다. 한 세대의 끝과 다음 세대의 시작이 한 공간 안에 포개진다. 슬픔의 장 안에서도 삶은 계속되고, 생명은 여전히 자라난다.

〈축제〉는 결국 화해의 이야기다. 오랫동안 쌓인 원망을 품은 가족들이 어머니의 죽음 앞에서 다시 대화한다. 죽음은 상처를 드러내지만, 동시에 그것을 봉합할 기회가 된다. "죽음을 직면하는 용기 없이는 진정한 삶도 없다"는 말처럼, 죽음은 인간으로 하여금 자신과 타인의 삶을 다시 성찰하게 만든다. 나 또한 아버지의 장례 자리에서 오래 연락이 끊겼던 친척과 마주한 적이 있다. 처음엔 어색했지만, 함께 술잔을 기울이며 조금씩 마음을 열었다. 죽음이 만들어 낸 화해였다. 죽음이 만든 대화의 자리는 공동체의 회복으로 이어졌다.

〈축제〉의 풍경 속에는 한국적 죽음문화의 복합성이 있다. 불교의 연기(緣起)는 모든 생이 서로의 인연으로 이어져 있음을 가르친다. 하나의 생이 사라질 때, 또 다른 생이 그 자리를 잇는다. 유교의 효사상은 죽음을 가족과 공동체의 윤리로 묶고, 샤머니즘적 전통은 곡소리를 통해 죽은 자와 산 자를 이어 준다. 이렇게 얽히고 겹친 전통들 속에서 한국의 장례는 단순한 의례를 넘어, 인간과 관계, 기억과 시간을 품은 복합적 이야기로 완성된다. 엄숙함과 해학, 단절과 연속이 그 안에서 공존한다.

죽음을 공부하는 일이 여전히 두렵지 않다면, 그것은 진심이 아닐 것이다. 그러나 〈축제〉는 죽음을 두려움의 대상으로만 남겨 두지 않는다. 오히려 죽음을 직시할 때 삶이 더 또렷해진다고 말한다. 어빈. D 얄롬은 "덜 살아 낸 삶일수록, 죽음은 더 두렵게 다가온다"라고 했고, 에픽테토스는 "죽음을 숙고하는 사람만이 삶을 진정으로 존중한다"라고 말했다. 두 사람의 말은 방향이 다르지만, 결국 같은 곳을 가리킨다. 죽음을 의식한다는 것은 삶을 더 깊이 사랑한다는 뜻이다. 그 인식의 자리에서 우리는 비로소 살아 있음의 윤곽을 선명히 본다.

〈축제〉는 내게 슬픔과 화해가 결코 반대가 아니라는 사실을 가르쳐 주었다. 죽음을 공부한다는 것은 단순히 준비의 차원을 넘어선다. 그것은 내 삶의 태도를 새로 배우는 일, 관계를 다시 엮는 일, 그리고 오늘의 순간을 더 정직하게 사랑하는 일이다. 죽음은 끝이 아니라 또 다른 시작이다.

; **사랑과
죽음의 비극**

×

**요한 볼프강 폰 괴테,
『젊은 베르테르의 슬픔』**

괴테의 『젊은 베르테르의 슬픔』을 다시 펼쳤을 때, 그것은 단순히 한 청년의 비극적인 사랑 이야기가 아니었다. 죽음을 공부하는 여정 속에서 이 소설은 사랑과 상실, 삶과 죽음이 서로를 비추며 얽혀 있는 한 인간의 내면을 해부한 기록처럼 다가왔다. 괴테가 스물다섯의 나이에 쓴 이 작품은 유럽의 정서를 뒤흔들었고, 그 여파는 오늘날 '베르테르 신드롬'이라는 이름으로 남아 있다. 그러나 이 오래된 책이 여전히 내게 생생하게 다가오는 이유는 단 하나였다. 사랑과 죽음, 절망과 구원의 문제는 결코 과거형이 아니기 때문이다.

베르테르는 이미 약혼자가 있는 여인, 샤를로테를 사랑한다. 그녀의 존재는 그의 세계를 밝혀 주지만, 동시에 그를 절망의 끝으로 몰아넣는다. 편지로 이어지는 그의 고백은 뜨겁고 아름답지만, 그 안에는 이미 죽음의 그림자가 드리워져 있다. 그는 이렇게 쓴다.

그녀가 없으면 모든 것이 무(無)로 돌아가 버리고 만다.

사랑이 곧 존재의 이유가 된 순간, 그 사랑이 무너질 때 존재 자체도 붕괴한다. 나는 이 문장을 읽을 때마다 끝내 이어지지 못한 사랑 앞에서 숨이 막혀 오던 젊은 날의 기억을 떠올린다. 살고 있으나 살아 있는 것 같지 않았던 시절, 그 감정의 결은 베르테르의 절망과 닮아 있었다.

괴테가 그린 베르테르의 고통은 단순한 연애의 비극이 아니다. 그것은 존재의 의미를 잃은 인간의 초상이다. 사랑의 부재가 곧 삶의 부재로 이어지고, 그 공허 속에서 그는 스스로를 소멸시킨다. 괴테는 인간이 자신의 감정에 압도될 때 어떤 파국이 일어나는지를 보여 준다. 그리고 묻는다. "사랑이 사라진 삶은 여전히 삶이라 부를 수 있는가?"

이 작품이 세상에 나왔을 때, 유럽 사회는 커다란 충격을 받았다. 젊은이들은 베르테르처럼 파란 코트와 노란 조끼를 입었고, 그의 죽음을 모방한 자살 사건까지 잇달았다. 이른바 '베르테르 효과'다. 그러나 괴테는 훗날 이 소설을 "젊은 날의 감정이 낳은 과도한 열정의 기록"이라 회고하며, 감정의 과잉에 경계심을 드러냈다. 『젊은 베르테르의 슬픔』은 시대의 정서를 드러내는 동시에, 인간 존재의 심연을 파헤친 철학적 고백이었다.

베르테르는 세계와 맞지 않는 감수성의 소유자였다. 그는 진심으로 사랑했지만, 세상은 그의 열정을 감당하지 못했다. 베르테르는 여러 편지에서 '세상과 어울리지 못하는 자신의 감수성'을 토로한다. 나는 이 내용을 읽으며 음악가 커트 코베인을 떠올렸다. 그는 사랑받는 스타였지만, 그 화려함 속에서도 고독에 잠식되어 갔다. 세상은 그의 음악을 찬미했으나, 그를 이해하지는 못했다. "차라리 타버리는 게 서서히 사라지는 것보다 낫다"는 유서를 남기고, 그는 스물일곱의 나이로 생을 마감했다. 사람들은 그의 죽음을 이해하지 못했다. 그러나 나는 안다. 절망은 때로 언어보다 빠르게 사람을 데려간다. 베르테르의 죽음처럼, 그의 죽음 또한 삶의 무게를 견디지 못한 영혼의 흔적이었다.

세상에 변하지 않는 것은 없다. 사랑도, 상실도, 절망도 결국 흘러간다. 그러나 베르테르는 그 변화를 믿지 못했다. 그는 절망을 영원한 것으로 착각했고, 그 속에서 자신을 가두었다. 만약 베르테르가 그 경계를 조금만 열어 두었다면, 그는 절망 속에서도 다른 가능성을 보았을 것이다.

베르테르의 죽음은 오래된 이야기지만, 지금 우리의 사회에서도 반복된다. 현대의 젊은 세대는 여전히 고립과 불안을 견디며 살아간다. 사랑과 현실의 간극, 경쟁과 외로움, 인정받지 못한 존재감 속에서 삶은 때로 너무 무겁다. 한 친구는 내게 말했다. "살아가는 게 버거워서, 차라리 사라지고 싶었던 적이 많았어요." 나는 그 말이 단순한 고백이 아니라, 이 시대의 숨겨진 절규라는 걸 알았다. 죽음은 언제나 개인의 일이지만, 동시에 우리 모두의 일이다.

그렇기에 죽음을 공부한다는 것은 곧 사랑을 다시 배우는 일이다. 사랑은 단순한 감정이 아니라 '지속하려는 의지'이며, 절망을 견디게 하는 힘이다. 파울로 코엘료의 작품 세계는 죽음을 '끝'이 아니라 또 다른 여정의 시작으로 바라보는 관점을 곳곳에 드러낸다. 죽음을 의식하는 순간, 우리는 더 이상 내일을 미루지 않는다. 오늘의 포옹, 오늘의 안부, 오늘의 사과―그 모든 것이 유한함을 전제로 하기에 더욱 진실해진다.

나는 이제 누군가를 떠올릴 때마다 그가 내게 남긴 한 문장을 생각한다. 그 문장은 물건보다 오래 남는다. 목소리의 온도, 웃음의 리듬, 한순간의 시선―그 모든 것은 여전히 내 안에 살아 있다. 죽음은 그것들을 지울 수 없다. 오히려 그 흔적을 통해 우리는 다시 살아간다.

괴테의 베르테르가 사랑의 절망 속에서 삶을 버렸다면, 나는 그 절망 속에서도 살아 내는 법을 배우고 싶다. 죽음을 공부한다는 것은 죽음을 낭만화하지 않는 일, 절망을 미화하지 않는 일이다. 그것은 지금 이 순간을 더 뜨겁게 살아 내려는 의지다. 사랑과 상실, 절망과 희망은 언제나 교차한다. 그러나 그 사이를 건너며 우리가 배워야 할 진실은 단 하나다.

죽음을 의식할수록, 삶은 더 깊어진다.

; **죽음의 재난과 연대**

알베르 카뮈, 『페스트』

　죽음을 공부한다는 것은 한 개인의 경험을 넘어, 사회 전체의 경험을 꿰뚫어야 가능한 일이다. 그것은 내 병상의 기록일 수도 있고, 인류가 겪는 전염병의 역사일 수도 있다. 알베르 카뮈의 『페스트』는 그 두 차원을 동시에 보여 준다. 오랑이라는 도시는 전염병으로 봉쇄되고, 사람들은 공동체의 차원에서 죽음을 경험한다. 죽음은 한 사람의 몸만이 아니라 도시 전체의 숨결까지 잠식한다. 나는 이 소설을 읽으며 내 몸의 병과 코로나 팬데믹 속에서 한국 사회가 겪었던 풍경을 함께 떠올렸다. 내 작은 몸은 오랑의 축소판이었고, 세계는 또 다른 오랑이 되어 있었다.

오랑은 전염병이 번지자 철저히 봉쇄된다. 외부와 단절된 도시는 거대한 감옥이 되고, 사람들은 하루하루를 공포 속에서 산다. 카뮈는 죽음을 단순한 생물학적 사건이 아니라, 공동체 전체를 규정하는 인간적 조건으로 그린다. 나는 암 진단을 받았을 때 내 몸이 하나의 오랑이 된 것 같았다. 세포 하나하나가 봉쇄된 채 움직이지 못했고, 혈관 속의 미세한 반란이 온몸을 흔들었다. 다행히 암 전 단계여서 수술 후 회복할 수 있었지만, 차가운 수술대 위에 묶여 있던 순간의 공포는 오래 남았다. 병실의 소음—산소기의 신호음, 호출벨—은 도시의 경보음처럼 내 안의 불안을 증폭시켰다. 죽음은 내 몸에서 시작된 사건이었지만, 동시에 가족과 친구들의 삶까지 흔드는 공동의 일이었다.

리외 의사는 이 절망의 현실 속에서도 싸움을 멈추지 않는다. 그는 전염병을 완전히 이길 수 없다는 사실을 알지만 끝내 포기하지 않는다. "페스트와 싸우는 유일한 방법은 성실성입니다." 이 문장은 카뮈가 리외를 통해 보여 준 인간의 존엄, 그리고 절망 속에서도 꺼지지 않는 연대의 윤리를 가장 잘 드러낸다. 죽음은 피할 수 없지만, 그 앞에서 어떤 태도로 존재할 것인가는 인간의 몫이다. 타루는 또 다른 방식으로 인간다움을 보여 준다. 그는 자신도 언제 감염될지 모르는 상황에서 봉사하며 사람들과 고통을 나눈다. "모든 사람은 자기 안에 페스트를 지니고 있다." 타루의 이 말은 단순한 질병을 넘어 인간의 본성에 대한 선언이다. 우리 안에는 언제든 폭력과 무관심, 자기중심성이 깨어날 수 있다. 코로나 시절에도 그런 장면을 많이 보았다. 누군가는 마스크를 거부하고 혐오를 퍼뜨렸지만, 누군가는 마스크를 나누고, 의료진은 밤을 새워 환자를 돌봤다.

나는 코로나에 세 번 감염되었다. 처음엔 두려움이었고, 두 번째는 무기력함이었다. 세 번째는 외로움이 가장 힘들었다. 세상과 단절된 방 안에서 '오랑'의 시민처럼 고립감을 견뎌야 했다. 그러나 그 시절, '클럽하우스'라는 음성 플랫폼이 있었다. 얼굴 없는 목소리로 이어지는 그 공간에서 나는 낯선 이들과 밤새 이야기를 나눴다. 그 목소리들은 타루가 말한 '연대의 증거' 같았다. 각자의 방에 갇혀 있었지만, 짧은 한마디 "오늘은 좀 어때요?"라는 질문이 하루의 버팀목이 되었다. 그 따뜻한 연결이야말로 팬데믹 속에서도 인간이 끝내 버리지 못한 마지막 희망이었다.

파늘루 신부는 처음엔 페스트를 신의 징벌로 설교한다. 그러나 아이의 죽음을 목격한 그는 흔들린다. 신의 정의라는 해석은 무너지고, 남는 것은 설명할 수 없는 고통뿐이다. 카뮈는 이 장면을 통해 묻는다. 죽음은 이해할 수 없는 부조리다. 그러나 그 부조리 속에서 인간은 어떻게 살아야 하는가? 팬데믹 시절에도 수많은 해석이 쏟아졌지만, 결국 사람들을 움직인 것은 설명이 아니라 서로의 돌봄이었다. 신의 뜻보다 더 강한 힘은 옆 사람의 손을 잡아 주는 일이었다.

그 시절, 한국 곳곳에서도 그런 연대의 장면들이 피어났다. 인천의 한 아파트 단지에서는 주민들이 매주 저녁 발코니에 나와 피아노와 바이올린을 연주하며 서로를 위로했다. 그 음악은 복도를 타고 건물 전체로 퍼져 나가며 지친 사람들에게 "당신은 혼자가 아니다"라는 위로를 건넸다. (경인일보, 2020) 카페 주인들은 의료진에게 무료 커피를 나눴고, 마트 직원들은 서로의 일을 대신 도우며 "오늘도 수고 많으세요"라는 말을 건넸다. 한겨레신문은 「코로나 속 의료진 응원 릴레이」라는 기사에서, 시민들이 자발적으로 도시락과 음료를 전하며 의료진의 마음을 지탱한 이야기를 전했다. 아이들은 마스크 위에 웃는 얼굴을 그려 스티커를 붙였고, 누군가는 방역복을 입은 채 이름도 모르는 환자에게 마지막 인사를 전했다.

 죽음이 공동체를 침묵시킨 시대였지만, 그 침묵은 오래가지 않았다. 음악과 손글씨, 익명의 선행이 그 자리를 채웠다. 우리는 거리두기 속에서도 마음만큼은 서로의 곁으로 다가갔다. 카뮈의 리외와 타루처럼 사람들은 각자의 자리에서 자신이 할 수 있는 일을 했다. 그것은 거창한 영웅주의가 아니라, 인간이 인간으로 남으려는 마지막 몸짓이었다.

 카뮈의 『페스트』를 읽으며 나는 한국 문학의 몇몇 목소리를 떠올렸다. 박노해는 "어둠은 빛을 이길 수 없다"고 말했다. 그의 시 속에서 인간은 절망의 한가운데서도 다시 일어서는 존재다. 고통과 불의의 시대 속에서도 그는 분노 대신 사랑을, 냉소 대신 연대를 노래했다. 그 시어들은 리외와 타루가 보여 준 인간의 존엄, 그리고 함께 아파하며 버티는 삶의 자세를 닮아 있었다. 죽음과 절망이 뒤덮은 시대에도 인간은 여전히 서로를 향해 손을 내민다. 그 미약한 손짓이야말로, 세계를 다시 움직이게 하는 마지막 희망이었다.

 한강의 『희랍어 시간』은 언어를 잃어 가는 과정을 통해 죽음의 은유를 보여 준다. 병으로 내 몸이 조금씩 자유를 잃어 가던 순간, 나는 한강의 주인공처럼 세계와 단절되는 감각을 체험했다. 죽음은 단 한 순간의 사건이 아니라, 매일 조금씩 침식해 오는 과정일 수 있다. 정지용의 「향수」는 고향을 잃은 상실의 정서를 노래하지만, 그 상실은 일종의 상징적 죽음으로 읽힐 수도 있다. 익숙한 세계에서 밀려나는 감정은 곧 존재의 경계에 선 인간의 고독과 닮아 있다.

카뮈는 『페스트』에서 죽음과 재앙은 결코 완전히 사라지지 않는다는 사실을 보여 준다. 그러나 그는 동시에 말한다. 부조리 속에서도 인간은 선택할 수 있다. 무관심으로 물러설 것인가, 아니면 타루처럼 서로의 손을 잡을 것인가. 팬데믹의 시간은 우리 모두에게 같은 질문을 던졌다. 나의 작은 몸, 나의 작은 오랑은 그 질문을 매일 내게 물었다. 나는 병상에서, 그리고 세계의 한구석에서 그 질문을 받았다. 그리고 답했다.

죽음은 부조리하지만, 연대는 나의 선택이다. 그것이 내가 배운 '조용한 용기'이자, 인간이 살아남는 방식이었다.

예술 속에서 만난
죽음의 얼굴

;   **미완의
  숭고**

×

로맹 롤랑, 『미켈란젤로의 생애』

 미켈란젤로는 죽음 직전까지도 돌을 깎았다. 작업실에는 늘 대리석 가루가 흩날렸고, 손끝은 주름과 상처로 얼룩졌지만, 그는 마지막 순간까지 정과 망치를 놓지 않았다. 그의 유작인 〈론다니니 피에타〉는 끝내 완성되지 못한 채 남았다. 평생 완벽을 좇던 그가 왜 미완의 작품으로 생을 마감했을까. 그것은 체력의 한계 때문이 아니라, 완성의 환상 너머에 있는 진실을 깨달았기 때문일 것이다.

 그는 "조각은 불필요한 것을 덜어 내는 일"이라 말했다. 죽음 또한 삶에서 불필요한 것들을 하나씩 덜어 내고, 마지막에 본질만 남기는 조각의 과정이다. 결국 남는 것은 이름도, 명예도 아닌 오직 '나다움'뿐이다. 나는 죽음을 공부하기 전까지, 삶이란 반드시 완성해야 하는 목표라고 믿었다. 사회적 성취와 관계의 조화, 인생의 균형 같은 것들로 빈틈없이 채워야만 의미 있다고 여겼다. 그러나 미켈란젤로가 마지막으로 붙잡았던 그 돌조각은 내 생각을 송두리째 흔들었다. 죽음은 완성의 순간이 아니라, 다듬어지지 않은 미완 속에서 오히려 본질을 드러내는 과정일지도 모른다.

그의 생애에는 언제나 고독이 그림자처럼 따라다녔다. 교황청의 권력과 예술적 이상 사이에서 그는 늘 홀로 서야 했다. 그 고독 속에서 유일한 위안이 되었던 비토리아 콜론나와의 교류는 잠시 그를 숨 쉬게 했지만, 그녀의 죽음 이후 그는 다시 깊은 침묵 속으로 빠져들었다. 미켈란젤로와 비토리아 콜론나는 편지와 시에서 사랑하는 이의 죽음이 영혼을 잃는 일과 같다는 이야기를 여러 번 나누었다. 이 말은 단지 연인의 상실에 대한 탄식이 아니라, 인간이 본래부터 지닌 상실의 운명을 인정하는 고백이었다.

나는 병상에서 아버지의 호흡이 점점 느려지는 순간을 기억한다. 주사기를 준비하던 손끝이 떨리고, 그 끝이 언제 올지 모르는 불안 속에서 나는 미완의 시간을 견뎌야 했다. 그것이야말로 삶이 내게 준 가장 치열한 수업이었다.

프랑스 철학자 시몬 베유는 "관심은 가장 희귀하고 순수한 형태의 관대함이다"라고 말했다. 미켈란젤로가 대리석 앞에서 보여 준 집중은 단순한 예술적 집착이 아니라, 신에게 바치는 조용한 기도였다. 그는 돌 속에 숨어 있는 생명을 꺼내려 했다. 조각은 창조가 아니라 해방의 행위였다. 베유의 말처럼, 관심은 대상을 지배하거나 소유하려는 태도가 아니라, 그 존재가 스스로 말하도록 기다리는 일이다. 미켈란젤로의 마지막 시선은 바로 그 기다림의 시선이었다. 신의 침묵 앞에 선 인간의 겸허함, 미완의 피에타는 그 겸허함의 형상이었다.

예술과 신앙은 멀리 떨어진 두 세계처럼 보이지만, 미켈란젤로에게 그것은 하나였다. 신앙은 조각의 출발점이 아니라 조각 그 자체였다. 그는 돌을 통해 신의 존재를 증명하려 하지 않았다. 오히려 신의 부재를 조각했다. 손끝으로 다듬은 대리석의 틈, 거친 흔적과 부서진 곡선들 속에서 그는 인간의 연약함과 동시에 신의 침묵을 들었다. 신앙은 확신이 아니라, 끊임없는 의심 속의 응시였다. 시몬 베유는 『중력과 은총』에서 신은 부재함으로써 우리를 부른다는 역설적 진실을 말한다. 그녀에게 하나님의 부재는 버림이 아니라, 영혼을 더 깊은 사랑으로 기울이게 하는 초대였다. 예술가와 신앙인은 모두 그 부재를 견디는 자들이다. 완성되지 않은 피에타는 신의 부재를 향한 응답이자, 인간이 끝까지 희망을 놓지 않으려는 기도의 흔적이다.

병실의 공기는 언제나 흰 냄새로 가득했고, 나는 침대 끝에 앉아 창문을 바라보았다. 그때는 무언가를 '이겨 내야 한다'고만 생각했다. 병은 싸워서 이겨야 하는 적이었다. 그러나 시간이 흐르며 알았다. 어떤 고통은 싸움으로는 이길 수 없고, 그저 주의하며 지켜보는 일로만 견딜 수 있다는 것을. 아버지의 병상 앞에서도 그랬다. 나는 그저 그의 손을 잡고 말없이 앉아 있었다. 그 침묵은 무력함이 아니라, 베유가 말한 사랑의 한 형태였다. 신의 침묵을 닮은 그 시간 속에서 나는 삶의 또 다른 깊이를 배웠다.

시몬 베유는 노동자였고, 철학자였으며, 신을 사랑한 인간이었다. 그녀의 신앙은 교리의 신앙이 아니라, 타인의 고통 속에서 신을 찾는 관계의 신앙이었다. 그녀는 신을 믿는다는 말을 쉽게 하지 않았다. 대신 이렇게 말했다. "중력에서 벗어나는 순간은 어떻게 찾아오는가? 은총은 받아들이기 위한 빈자리가 있는 곳에만 들어온다." 나는 이 문장을 미켈란젤로의 조각실로 옮겨 본다. 돌 앞에 선 노(老)화가의 손끝은 신을 바라보는 시선이었고, 그 시선은 노동의 고통을 통해 신의 침묵과 대화하고 있었다. 〈론다니니 피에타〉의 몸들은 균형을 잃고 서로 기대어 서 있다. 그러나 그 불안한 균형이 오히려 아름답다. 한쪽으로 기울어진 어머니의 몸, 무게를 잃은 예수의 팔. 그 비대칭은 실패가 아니라 연약함 속의 진실이다.

베유는 말했다. "사랑이란 대상을 완벽하게 만드는 것이 아니라, 그 결핍을 그대로 바라보는 힘이다." 미켈란젤로의 조각은 바로 그 사랑의 기록이다. 완성된 형태가 아니라, 깨어진 형태 속에서 드러나는 인간의 구원이다.

나는 가끔 내 글이 미완으로 남을까 두려워한다. 아직 다듬지 못한 문장들, 끝내 완결되지 못한 감정들. 그러나 미켈란젤로와 베유는 내게 말한다. "미완은 실패가 아니라 진실의 자리다." 삶이란 완성되는 것이 아니라, 끝없이 깎여 나가며 본질에 다가가는 과정이다. 죽음은 그 마지막 조각의 흔적일 뿐이다. 그의 대리석처럼, 나의 하루도 늘 깨어지고 다시 세워진다. 완전함을 향한 욕망은 여전히 내 안에서 꿈틀거리지만, 이제는 조금 다르게 믿는다. 완성은 인간의 몫이 아니다. 우리가 할 수 있는 일은 다만 '주의 깊게 바라보는 것'이다. 미켈란젤로가 그랬듯, 나 또한 매일의 돌 앞에 서서 조용히 기도한다.

"오늘도 깎아 낼 수 있기를. 그러나 너무 완벽해지지 않기를."

그렇게 살아 있는 한, 나의 조각은 아직 끝나지 않았다.

; 전쟁 속의 희망

영화 〈인생은 아름다워〉

내 인생에서 가장 오래 가슴에 머문 영화가 있다. 로베르토 베니니의 〈인생은 아름다워〉. 제목부터가 이미 역설적이다. 전쟁과 수용소, 죽음과 절망의 한가운데서 "인생은 아름답다"고 말할 수 있을까. 그러나 이 영화는 끝까지 그 말을 증명한다. 인간이 어떤 상황에서도 희망을 잃지 않을 수 있다는 사실을, 그리고 사랑이야말로 절망 속에서도 삶을 붙드는 마지막 빛이라는 것을.

주인공 귀도는 유대인으로서 아내와 아들과 함께 강제수용소에 끌려간다. 누구나 절망과 공포에 무너질 그곳에서 그는 오히려 웃음을 택한다. 아이에게 속삭인다. "이건 게임이야. 탱크를 타는 사람이 이기는 거야." 굶주림도, 강제노역도,

총구 앞의 두려움도 모두 게임의 한 단계일 뿐이라고. 그는 마지막 순간까지 아들의 눈빛 속 세상이 무너지지 않기를 바라며, 죽음 앞에서도 농담을 멈추지 않는다. 그리고 총살장으로 끌려가면서도 미소를 지으며 고개를 들어 아들에게 마지막 인사를 남긴다.

나는 그 장면에서 오래 멈추었다. 죽음은 언제나 예고 없이, 너무도 폭력적으로 다가온다. 그러나 귀도는 그 속에서도 단 한 가지를 지켜 냈다. 사랑하는 이를 향한 웃음, 끝내 삶이 여전히 아름답다는 믿음이었다. 그 미소는 단순한 낙관이 아니라, 고통 속에서도 인간다움을 잃지 않으려는 '존재의 마지막 힘'이었다.

그 순간, 나는 한국의 오래된 설화 「바리데기」를 떠올렸다. 바리는 일곱 번째 딸이라는 이유로 태어나자마자 버려졌지만, 병든 아버지를 살리기 위해 저승으로 향한다. 죽음을 건너야만 생명의 약수를 얻을 수 있었고, 그녀는 자신을 버린 아버지를 원망하지 않았다. 오히려 그를 살려 내기 위해 가장 험한 여정을 자처한다. 이 이야기는 단순한 효행담이 아니라, 죽음을 돌보는 사랑의 서사다. 귀도가 아들을 위해 수용소의 어둠을 웃음으로 건넜듯, 바리도 사랑을 위해 죽음을 건너 삶을 되살린다. 시대와 언어는 다르지만, 두 이야기는 죽음을 통해 오히려 삶을 확장시키는 인간의 힘을 보여 준다.

 말기 암 판정을 받은 미국 일리노이주 갤바의 농부 카를 베이츠는 수확기를 앞두고 더 이상 밭일을 감당할 수 없었다. 그의 밭은 450에이커, 약 182헥타르에 이르는 거대한 면적이었고, 가족들은 다가오는 수확을 앞두고 막막함 속에 있었다. 그런데 어느 날, 마을 농부 40여 명이 자발적으로 그의 집 앞에 모여들었다. 이웃들은 10여 대의 콤바인과 여러 대의 트럭을 가져와 아침 일찍부터 그의 밭으로 들어갔다. 흙먼지가 일고 기계 소리가 울려 퍼지는 가운데, 그들은 단 하루 만에 카를의 모든 밭을 수확해 냈다. "카를이 평생 우리에게 베푼 것을 돌려주는 것뿐입니다." 마을 사람들은 그렇게 말했다. 가족들은 그 모습을 지켜보며 "우리는 혼자가 아니라는 걸 알았다"고 조용히 눈물을 흘렸다. 카를은 마지막까지 창가에 앉아 그 광경을 바라보며 천천히 고개를 끄덕였다고 한다. 죽음이 그에게 다가오던 순간, 지역사회가 남긴 사랑은 오히려 삶의 마지막 페이지를 따뜻하게 채워 주었다. 그의 수확은 그가 짓지 못한 밭을 넘어, 그와 함께 살아

온 이들의 손에서 완성되었다.

철학자 장 폴 사르트르는 "죽음은 나의 자유가 멈추는 순간이며, 그 이후의 나를 완성하는 것은 더 이상 내가 아니라 타자의 시선이다"라고 말했다. 죽음은 당사자에게는 끝이지만, 남겨진 이들의 기억 속에서 계속 살아 움직인다. 귀도의 미소, 바리의 약수, 그리고 한 남자의 이야기는 모두 그 증거다. 그들의 죽음은 사라짐이 아니라, 타인 속에 새겨진 또 다른 생명으로 이어졌다.

죽음은 삶을 파괴하는 힘이 아니라, 오히려 그 본질을 드러내는 거울이다. 절망은 가장 어두운 그림자이지만, 그 속에서도 우리는 사랑을 붙잡음으로써 빛을 낼 수 있다. 영화와 설화, 그리고 현실의 목소리가 함께 속삭인다. "삶이 고통스럽더라도, 사랑으로 살아 낸 순간은 결코 지워지지 않는다."

나는 다시 나 자신에게 묻는다. 만약 내 삶이 내일 멈춘다면, 나는 무엇을 남길 수 있을까. 웃음일까, 원망일까, 아니면 침묵일까. 〈인생은 아름다워〉가 보여 준 미소, 바리데기의 헌신, 그리고 죽음을 앞둔 이의 삶을 마을 사람들이 함께 지켜

낸 이야기처럼, 나 역시 누군가에게는 사랑으로 기억되기를 바란다. 삶의 길이는 누구도 알 수 없지만, 우리가 남기는 표정과 마지막 눈빛은 누군가의 기억 속에서 오래 살아남는다.

결국 우리가 붙잡아야 할 것은 두려움이 아니라 따뜻함, 고통이 아니라 웃음, 그리고 끝내 타인을 향한 책임이다.
죽음은 끝이 아니라, 사랑이 완성되는 또 다른 이름이기 때문이다.

; **시간의 역행과
죽음**

×

**영화
〈벤자민 버튼의 시간은 거꾸로 간다〉**

 데이비드 핀쳐의 〈벤자민 버튼의 시간은 거꾸로 간다〉는 늙은 얼굴로 태어나 시간이 지날수록 젊어지는 한 남자의 이야기를 통해 삶의 역설을 그려 낸다. 벤자민은 태어날 때 이미 노인의 몸을 하고 있었고, 세월이 흐를수록 오히려 젊어졌다. 이 역행의 생애는 우리가 너무도 당연하게 여겨 온 '삶의 순서'를 낯설게 만든다. 나는 그를 보며 오래 질문했다. "시간이 거꾸로 흐른다면, 죽음은 덜 두려울까?" 그러나 영화는 단호히 말한다. 어디서 시작하든 삶의 종착지는 결국 같은 자리라는 것을. 벤자민은 젊음을 얻었지만 사랑하는 이를 끝내 지켜볼 수 없었고, 아기의 모습으로 기억을 잃으며 죽음의 품으로 돌아간다. 육체는 거꾸로 흘렀지만, 영혼은 우리와 마찬가지로 소멸을 향해 걸어갔다.

삶은 직선이 아니라 원에 가깝다. 태어남과 죽음은 서로 멀리 떨어진 지점이 아니라, 하나의 원 위에서 마주 보는 점처럼 맞닿아 있다. 벤자민의 기묘한 생애는 우리에게 묻는다. 우리는 지금 어디쯤 서 있는가? 앞으로 나아간다고 믿지만, 어쩌면 이미 되돌아가고 있는 것은 아닐까. 아리스토텔레스는 『자연학』에서 시간을 "운동의 수(數)"라 정의했다. 움직임과 변화를 헤아리는 방식이 곧 시간이라는 뜻이다. 그렇다면 벤자민의 생애는 단지 반대 방향의 운동일 뿐, 그 또한 똑같은 시간을 살아 낸 셈이다. 늙음이든 젊음이든, 시간은 결국 우리를 같은 방향으로 이끈다—죽음을 향해, 그리고 존재의 침묵을 향해.

하지만 중요한 것은 시간이 우리를 어디로 데려가는가가 아니라, 그 안에서 어떻게 존재했는가이다. 나는 어느 신문 기사에서 읽은 한 아버지의 이야기를 잊지 못한다.

2024년 2월 27일 'The Times of India'는 「Father with terminal cancer celebrates life before death and it is the most heartwarming moment on social media」라

는 기사에서, 말기 암 판정을 받은 한 아버지의 마지막 여정을 전했다. 그는 치료 대신 남은 시간을 사랑으로 채우기로 했다. 가족과 함께 마지막 파티를 열고, 아들과 춤을 추며, 자신이 떠난 뒤에도 웃음이 남기를 바랐다. 영상 속 그는 환하게 웃고 있었다. 기사는 이렇게 끝난다. "많은 사람들이 상실 후 침묵과 의식이 아닌, 그 전의 웃음과 사랑으로 끝을 맞이하는 방식을 새롭게 정의할 용기를 얻었습니다. 그렇게 그는 용기와 연결, 그리고 아직 살아 숨 쉬는 삶을 기념하는 깊은 인간성의 유산을 만들어 냈습니다." 그 문장을 읽는 순간, 나는 영화 속 벤자민을 떠올렸다. 죽음 앞에서도 여전히 삶을 사랑하는 태도, 그것이야말로 인간이 남길 수 있는 가장 단단한 유산이었다.

『뱀파이어 연대기』의 저자 앤 라이스는 이렇게 말했다. "우리는 시간이 지나도 본질적으로 변하지 않는다. 다만 우리가 원래 어떤 존재인지 더 선명하게 드러날 뿐이다." 벤자민의 역행하는 삶은 그 말의 은유적 증명이었다. 그는 남들과 다른 방식으로 늙어 갔지만, 드러난 것은 기묘한 시간이 아니라 결국 누구도 피할 수 없는 인간의 유한함이었다.

밀란 쿤데라는 『참을 수 없는 존재의 가벼움』에서 "영원한 회귀가 주장하는 바는, 인생이란 한 번 사라지면 두 번 다시 돌아오지 않기 때문에 한낱 그림자 같은 것이고, 그래서 산다는 것에는 아무런 무게도 없고 우리는 처음부터 죽은 것과 다름없어서, 삶이 아무리 잔혹하고 아름답고 혹은 찬란하다 할지라도 그 잔혹함과 아름다움과 찬란함조차도 무의미하다는 것이다"고 했다. 반복할 수 없다는 사실이야말로 죽음이 우리에게 부여하는 가장 강력한 윤리적 무게다. 벤자민의 삶은 그 무게를 역행 속에서도 고스란히 품고 있었다.

메를로퐁티는 타인의 몸은 나와 분리된 외부가 아니라, 나를 되비추는 또 하나의 현상학적 장이라고 말했다. 우리는 타인의 시선과 몸짓 안에서 자신을 발견하며, 그 상호적 반사 속에서 '나'라는 존재가 드러난다. 벤자민이 사랑하는 이를 떠날 수밖에 없었던 순간은, 인간이 타자와 맺는 관계의 유한함을 보여 준다. 죽음은 그 관계를 끊지 않는다. 오히려 더 깊은 감각의 층위로 옮겨 놓는다. 사랑하는 이를 바라보던 눈빛, 손끝의 체온, 함께 걸었던 시간들은 사라지지 않고, 다른 차원에서 여전히 우리를 매개한다. 벤자민의 떠남은 단절이 아니라 감각의 전이였다. 그는 시간의 경계를 넘어, 사랑이라는 감각으로 남았다.

나는 배우 찰리 채플린의 말년을 떠올린다. 그는 생의 마지막 시기에 "웃음 없는 하루는 낭비된 하루다"라고 남기곤 했다. 삶을 떠올리는 질문 앞에서조차 그는 유머와 인간성을 이야기했다. 또 한 인터뷰에서는 "세상에서 영원한 것은 아무것도 없다. 우리의 고통조차도"라고 말했다. 이 말들은 단순한 낙관주의가 아니라, 살아 있는 순간을 끝까지 붙들려는 한 인간의 태도에 가까웠다. 오래 살았는지의 문제보다, 그 순간을 어떻게 느끼고 어떻게 사랑했는가에 대한 고백이었다.

벤자민의 삶 또한 그런 진실과 닮아 있었다. 중요한 것은 얼마나 오래 머물렀는가가 아니라, 주어진 시간을 얼마나 진심으로 살아 냈느냐는 것이다. 결국 삶은 '살아온' 날들의 총합이 아니라, '살아 있었다'고 말할 수 있는 순간들의 깊이에서 완성된다.

죽음은 언제나 삶의 안쪽에 있다. 시간을 거슬러 살든 앞으로 달리든, 그 끝에는 같은 침묵이 기다린다. 그렇다면 우리가 할 수 있는 일은 단 하나다. 지금 여기를 더 온전히 살아 내는 것. 그것이 죽음을 공부하는 또 다른 방식이자, 벤자민 버튼이 남긴 역설적 가르침이다. 삶은 끝을 향해 수축해 가는 여정이 아니라, 끝을 마주함으로써 비로소 빛나는 궤적을 그려 내는 길이다.

; 기억이 사라지는
순간의 죽음

×

영화 〈코코〉

 픽사의 〈코코〉는 아이들을 위한 애니메이션처럼 보이지만, 사실은 삶과 죽음의 경계에 대해 가장 깊은 질문을 던지는 작품이다. 이 영화는 죽음을 두려움의 언어가 아니라, 기억과 사랑의 언어로 바꾸어 낸다.

 영화의 무대는 멕시코의 전통 명절, '망자의 날'이다. 이날만큼은 죽은 자들이 산 자의 세계로 돌아온다. 사람들은 조상의 사진을 걸고 제단을 차리며, '마리골드(Cempasuchil)' 꽃잎으로 길을 만든다. 향기와 노래, 화려한 색으로 가득한 이 축제는 슬픔이 아닌 재회의 시간이다. 우리에게 죽음이 단절과 어둠이라면, 멕시코 사람들에게 죽음은 여전히 삶의 한가운데 있다.

주인공 미겔은 음악을 사랑하지만, 집안은 음악을 철저히 금기시한다. 조상 중 한 명이 음악 때문에 가문을 떠났다는 이유에서였다. 그러나 미겔의 마음속에서는 기타 소리가 멈추지 않는다. 그는 몰래 음악가의 꿈을 좇다가 '망자의 날' 제단에서 기타를 치며, 우연히 죽은 자들의 세계로 들어간다. 그곳에서 미겔은 조상들을 만나고, 잃어버린 가족의 이야기를 되찾는다.

영화의 중심에는 헥토르라는 이름의 떠돌이 음악가가 있다. 처음엔 낯선 이처럼 보였지만, 그는 사실 미겔의 증조할아버지였다. 헥토르는 미겔에게 말한다.

"우리는 두 번 죽는다. 첫 번째는 숨이 멎을 때, 두 번째는 아무도 우리를 기억하지 않을 때."

그 말은 나의 죽음 공부에 오래 남았다. 인간은 생리적 죽음 이후에도, 기억 속에서 완전히 사라질 때 비로소 진정한 죽음을 맞이한다.

영화에서 가장 슬픈 순간은 바로 그 '기억의 단절'이다. 산 자가 더 이상 죽은 자의 이름을 부르지 않을 때, 그 존재는 망자의 세계에서도 사라진다. 그것은 단순한 환상이나 장치가 아니라, 인간이 죽음을 두려워하는 근원적 이유에 대한 상징이다. 존재가 망각 속에서 완전히 지워지는 것—그것이야말로 인간이 맞닥뜨리는 가장 깊은 공포다.

그래서 기억은 단순한 회상이 아니라, 존재를 다시 불러오는 힘이다. 미겔이 마지막에 증조할머니 코코 앞에서 "Remember Me(날 기억해 줘)"를 부르는 장면은 그 진실을 가장 아름답게 드러낸다. 치매로 기억을 잃어 가던 코코는 노래를 듣고 아버지 헥토르를 떠올린다. 잊히려던 존재가 다시 불려지고, 끊겼던 가족의 이야기는 이어진다. 나는 그 장면을 보며 눈물을 멈출 수 없었다.

기억은 곧 생명이다. 이름을 불러 주는 일, 노래를 건네는 일, 그것이 곧 사랑의 다른 형태다. 우리가 서로를 기억할 때, 죽은 자는 사라지지 않는다.

나는 얼마 전 들은 한 이야기가 오래도록 마음에 남아 있다. 멕시코 과나후아토의 어느 작은 요양원에서 자원봉사자들이 '망자의 날'을 맞아 노인들을 위해 콘서트를 열었다고 한다. 치매로 말을 잃은 한 노파는 늘 창밖만 바라보며 조용히 앉아 있는 사람이었다. 그런데 누군가가 오래된 볼레로 음악을 연주하자, 그녀는 느리게 고개를 들었다. 곡이 절정에 이르자 손뼉을 치기 시작했고, 이윽고 아주 오래전 누군가의 이름을 불렀다.

마치 시간이 잠시 되돌아간 듯한 순간이었다. 잊혀진 줄 알았던 세계가 노래 한 곡에 의해 문을 열고 그녀를 다시 불러낸 것이다. 기억의 조각들이 사라져 가고 있었지만, 음악은 그녀를 현재로, 살아 있는 쪽으로 데려왔다.

그 이야기를 들었을 때 나는 영화의 마지막 장면을 떠올렸다. 기억은 죽음의 흐름을 잠시라도 거스르며 우리를 되살린다. 인간은 결국 기억의 존재다. 누군가를 기억한다는 일은 그 사람을 다시 살게 하는 일이며, 기억을 간직하고 있다는 사실만으로도 우리는 계속해서 '살아 있는 쪽'에 머무르게 된다.

한국의 제사 문화 또한 죽은 자를 '기억 속으로 불러내는 행위'다. 제사상 위의 밥과 국, 향과 위패는 단순한 의례가 아니라 기억의 언어로 이루어진 대화다. 코코의 마리골드 꽃길과 우리의 제사상은 닮았다. 죽음이 끝이 아니라, 기억 속에서 다시 살아나는 현재형의 존재임을 확인하는 방식이다.

오르한 파묵은 『순수 박물관』에서 사물 속에 쌓인 기억의 힘을 반복해서 강조한다. 그는 물건이 단순한 물체가 아니라, 우리가 살아온 시간과 감정, 그리고 상상이 겪어 온 굴곡을 품은 그릇이라고 말한다. 그래서 한 사물이나 순간이 뜻밖에 기억을 되살리고, 잊힌 세계를 다시 현재로 불러내곤 한다.

그 생각은 망자의 날의 노래와 우리의 제사, 그리고 치매 노인에게서 기억이 반짝 깨어나는 순간들과도 닮아 있다. 기억은 단순히 과거를 붙잡는 일이 아니다. 사라져 간 존재를 지금 여기로 다시 데려오는 행위이며, 삶과 죽음의 경계를 잠시나마 잇는 방식이다. 우리가 누군가를 기억하는 순간, 그 사람은 다시 살아난다. 기억은 시간이 지운 듯 보이는 세계를 다시 빛으로 끌어올리는 또 하나의 손길이다.

나는 이 영화를 보며 오래전 세상을 떠난 할아버지를 떠올렸다. 어린 시절, 책의 냄새 속에서 나는 여전히 그분을 느낀다. 그것은 단순한 회상이 아니라, 살아 있는 관계다. 내 기억 속 할아버지는 지금도 현재형으로 존재한다.

릴케는 『두이노의 비가』에서 "오직 인간만이 죽음과 마주 선다"라고 말하며, 삶과 죽음이 하나의 존재를 이루는 두 결임을 암시한다. 멕시코의 '망자의 날' 역시 죽음을 삶의 적으로 보지 않고, 떠난 이들을 집으로 초대해 음식과 음악을 나누며 삶의 또 다른 얼굴로 받아들인다. 삶과 죽음이 서로를 비추는 두 면이라는 사실을, 그들의 축제는 조용히 증언한다.

우리가 살아 있는 동안 해야 할 일은 단순히 오래 사는 것이 아니다. 누군가의 마음속에서 잊히지 않을 만큼 사랑하고, 그 기억 속에 여전히 불릴 이름을 남기는 일이다. 삶은 그렇게 이어지고, 죽음은 그렇게 새로운 관계로 변모한다.

영화는 마지막에 묻는다.
"당신은 어떻게 기억되고 싶은가?"

그 질문은 죽음을 향해 살아가는 우리 모두의 몫이다. 삶의 아름다움은 우리가 남긴 사랑의 깊이, 그리고 그 사랑을 기억해 주는 이들의 마음속에서 완성된다. 죽음조차 지워 낼 수 없는 흔적—그것이 인간의 존엄이며, 우리가 끝내 붙잡아야 할 진실이다.

; **우연과 필연의
죽음 철학**

영화 〈나비 효과〉

 우리는 하루에도 수십 번의 선택을 한다. 아침에 어떤 길로 출근할지, 누구에게 전화를 걸지, 어떤 말을 삼킬지 혹은 내뱉을지. 대부분은 사소해 보이지만, 그 작은 결정들이 모여 삶의 궤적을 만든다. 그러나 선택의 순간에는 누구도 결과를 알 수 없다. 영화 〈나비 효과〉는 이 단순한 사실을 극단까지 밀어붙인다. 과거의 한 장면을 바꾸면 현재가 송두리째 달라지고, 그 과정에서 누군가는 살고, 누군가는 죽는다. 아주 작은 변화가 삶과 죽음을 가르는 균열이 될 수 있다는 것.

 주인공 에반은 불우한 어린 시절을 보냈다. 그는 종종 기억을 잃는 발작을 겪었고, 그 틈에 일어난 사건들은 깊은 상처로 남았다. 친구들이 불우한 환경 속에서 망가져 가는 것을 지켜보면서도, 그는 늘 그들을 구해 내고 싶었다. 그러던 어느 날, 자신의 일기를 통해 과거로 돌아갈 수 있다는 사실을 발견한다. 사랑하는 여인 케일리를 구하기 위해, 불행을 지우기 위해 그는 수없이 과거로 되돌아간다.

하지만 과거를 바꿀 때마다 현재는 예기치 못한 방향으로 뒤틀린다. 케일리를 구하면 다른 친구가 죽고, 또 다른 선택을 하면 어머니가 병들어 간다. 무엇을 바꾸든 삶은 온전히 행복해지지 않았다. 그는 결국 깨닫는다. 죽음은 피할 수 없다. 오히려 죽음은 언제나 삶과 함께 따라온다.

이 지점에서 나는 스토아 철학자 에픽테토스의 말을 떠올렸다. "우리에게 일어나는 일은 우리의 권한 밖에 있다. 그러나 그것을 받아들이는 태도는 우리의 권한 안에 있다." 에반의 반복된 시간 여행은 바로 이 태도의 실패에서 비롯된 것이었다. 그는 자신의 권한 밖에 있는 죽음을 지우려 애썼지만, 그럴수록 삶은 왜곡되었다. 오히려 그가 마주해야 했던 것은 과거가 아니라 현재에 대한 책임, 죽음이 아니라 삶에 대한 태도였다.

영화 속 에반의 여정은 고통스럽게도 우리 자신의 모습

과 닮아 있다. 우리는 "그때 다른 선택을 했더라면?"이라는 질문 속에 자주 갇힌다. 그러나 과거를 바꾸려는 상상은 언제나 현재를 무너뜨린다. 문학가 호르헤 루이스 보르헤스는 『픽션들』에서 시간을 무수히 분기하는 길들의 집합으로 그렸다. 모든 가능성의 세계가 동시에 존재하지만, 현실의 우리는 그 중 오직 하나의 길 위에서만 살아갈 수밖에 없다. 에반의 시간 여행은 그 무한한 갈래들 사이를 헤매다 끝내 단 하나의 현실로 되돌아오는 여정이었다.

그의 마지막 선택은 되돌림이 아니라 포기였다. 그러나 그 포기는 절망이 아니라 고요한 수용이었다. 사랑하는 이를 위해 자신을 내어 주며, 그는 운명을 바꾸려 애쓰는 대신 그 안에서 평화를 발견한다. 포르투갈 시인 알베르토 카에이로—페르난두 페소아의 또 다른 이름으로 존재했던 그는 죽음을 자연의 한 과정으로 이해했다. 그의 시 세계에서 죽음은 꽃잎이 떨어지는 일처럼 삶의 일부이며, 사라짐조차 자연의 질서 안에 놓여 있다.

카에이로에게 죽음은 특별한 사건이 아니라, 생이 자연스레 흘러가는 한 과정이었다. 그는 인간의 운명을 거창하게 이해하지 않았다. 다만 '있는 그대로의 존재'를 받아들이는 일이야말로 삶의 진실이라 믿었다. 영화 속 에반도 결국 그 자리에 다다른다. 억지로 과거를 되돌리려는 욕망을 멈추고, 주어진 순간을 있는 그대로 받아들인다. 죽음은 더 이상 적이 아니라, 생의 마지막 호흡 속으로 스며드는 자연의 리듬이 된다. 그의 선택은 체념이 아니라 평화였다. 꽃잎이 흩날리듯, 생은 자신이 머물던 자리에서 천천히 사라진다. 카에이로의 시처럼, 그는 그 흐름을 거스르지 않았다. 삶을 다 살아 낸 사람의 미소로, 그는 고요히 자신을 자연에 되돌려 보냈다. 그리고 그 평온 속에서 우리는 알게 된다. 죽음은 끝이 아니라, 또 하나의 봄을 맞이하는 일임을.

이 영화를 보고 난 후, 나는 내 삶의 결정적 순간들을 떠올렸다. "그날 다른 말을 했더라면?", "그때 다른 선택을 했더라면?" 수없이 후회했던 장면들. 그러나 과거는 결코 되돌릴 수 없고, 그 안에 담긴 죽음도 수정할 수 없다. 오히려 중요한 것은 지금 이 순간이다. 오늘 내가 내리는 작은 결정들, 그리고 그것을 어떻게 책임지고 살아 내는가이다.

2022년 10월 이태원 참사 이후, 유가족들은 여러 인터뷰에서 "그날 이후 살아 있으면서도 죽어 있는 것 같았다", "시간이 멈춰 버렸다"고 말하곤 했다. 한 어머니는 행정 절차를 밟는 순간조차 "아이를 보낸 현실을 인정할 수 없었다"고 털어놓았다. 그녀의 말에는 되돌릴 수 없는 시간을 향한 절망과, 그럼에도 살아 내야 하는 현재의 고통이 함께 담겨 있었다. 아들을 잃은 뒤에도 그녀는 매일 아침 눈을 떴고, 그날의 기억을 끌어안은 채 하루를 시작했다. "그날 다른 길로 갔더라면 아이가 살아 있었을까?"라는 질문은 누구도 끝내 지울 수 없는 후회이지만, 그녀는 이제 그 물음 속에만 머무르지 않는다. 대신 아들을 매일 기억하며, 그 기억으로 오늘을 살아 낸다. 그것은 과거를 고치는 일이 아니라, 상실을 품은 채 현재를 견디는 일이다.

그녀의 이야기는 영화 〈나비 효과〉의 에반과 닮아 있다. 과거를 바꾸려는 모든 시도 끝에 에반이 깨달았던 것처럼, 그녀 역시 죽음 앞에서 비로소 '현재를 견디는 용기'를 배웠다. 우리는 모두 각자의 삶에서 수없이 다른 길을 상상하지만, 결국 해야 하는 일은 하나뿐이다. 지나간 일을 바꾸는 대신, 지금 이 순간을 살아 내는 것.

영화 〈나비 효과〉는 혼돈 속에서 끝내 우리에게 묻는다.

예술 속에서 만난 죽음의 얼굴

"당신은 어떤 흔적을 남기고 떠나고 싶은가?" 완벽한 삶은 불가능하지만, 불완전함 속에서도 우리가 남길 수 있는 것이 있다. 그것은 기억, 사랑, 그리고 존재의 흔적이다. 죽음을 피할 수 없다면, 그 불가피함을 껴안으며 살아가는 것. 그 순간 죽음은 더 이상 종말이 아니라, 삶을 완성하는 또 다른 이름이 된다.

; **죽음 앞의
사랑**

×

영화 〈너는 내 운명〉

　사랑과 죽음은 멀리 떨어져 있는 것이 아니라, 언제나 함께 온다. 박진표 감독의 영화 〈너는 내 운명〉은 그 진실을 가장 처절하고도 아름다운 방식으로 보여 준다. 농촌 청년 석중은 다방 아가씨 은하를 만나 사랑에 빠진다. 가난과 불안정 속에서도 두 사람은 서로에게 전부가 된다. 그러나 행복은 오래가지 않는다. 은하가 HIV 감염 사실을 알리면서부터, 그들의 삶은 돌이킬 수 없는 길로 접어든다.

　이 영화가 내 마음에 오래 남은 이유는, 병이 두 사람을 파괴하기보다 오히려 사랑을 단단히 묶는 힘으로 작용하기 때문이다. 은하의 고백은 관계의 끝이 아니라, 사랑의 진실을 시험하는 순간이었다. 석중은 그 사실을 알면서도 은하의 손을 놓지 않았다. 세상은 혐오와 낙인을 던졌지만, 그는 끝까지 사랑으로 응답했다. "너는 내 운명"이라는 제목은 결국 죽음까지 껴안는 사랑의 결단이었다.

이 영화는 묻는다. "죽음이 가까이 왔을 때, 우리는 사랑을 계속할 수 있을까?" 병과 죽음은 관계의 본질을 드러내는 거울이다. 어떤 이는 두려움에 물러서지만, 또 어떤 이는 끝까지 함께 걸어간다. 석중은 후자를 택했다. 그는 은하의 병을 외면하지 않고, 죽음과 함께 살아가는 길을 선택했다. 사랑이란 결국 타인의 고통과 죽음을 함께 견디는 일이라는 사실을, 이 영화는 조용히 증언한다.

마르틴 부버는 『나와 너』에서 "인간은 관계 속에서만 자신이 된다"고 말했다. 석중과 은하의 사랑은 바로 그 관계의 윤리를 보여 준다. 사랑은 '너'를 통해 '나'를 다시 태어나게 하는 일이다. 엠마누엘 무니에는 인간이 고립된 존재가 아니라 타자와의 인격적 관계 속에서 자신을 완성해 간다고 보았고, 가브리엘 마르셀은 사랑을 '타자의 존재에 응답하는 행위'로 보앉다. 석중은 말이 아닌 행동으로 "나는 여전히 네 곁에 있다"고 대답했다. 세 철학자의 사유가 겹쳐지는 자리에서, 석중의 사랑이 있었다. 사랑은 상대의 고통을 치유하는 일이 아니라, 그 앞에서 "당신은 여전히 존재한다"고 응답하는 일이다.

그러나 세상은 석중처럼 사랑하지 못했다. 실제 HIV 감염인들은 지금도 깊은 낙인의 벽 속에서 살아간다. 한국HIV/AIDS감염인연합회가 참여해 작성한「한국 PLHIV 낙인지수 보고서」(2017)에 따르면, 감염인의 상당수가 일상에서 차별과 낙인을 경험했다고 답했다. 많은 이들이 감염 사실을 알린 뒤 가족이나 직장에서 관계가 멀어지거나 사회적 배제가 커졌다고 느꼈고, 질병 자체보다 타인의 시선과 편견이 더 큰 고통이 되었다고 말한다. HIV는 치료가 가능한 질환이 되었지만, 사회적 낙인은 여전히 사람들의 마음을 더 깊게 상처 입힌다. 감염보다 더 아픈 것은 세상이 그들을 바라보는 방식이었다.

은하의 고통 역시 바이러스가 아닌 사회적 시선에서 비롯되었다. '죽음의 병'이라는 오명은 그녀를 고립시켰고, 사랑을 고백한 순간 그녀는 낙인의 중심에 섰다. 그럼에도 석중은 그녀의 손을 놓지 않았다. 그는 은하의 병을 자신의 일이자 함께 짊어져야 할 운명으로 받아들였다. 결국 사랑은 낙인에 대한 저항이었다. 그것은 편견에 맞서 한 인간의 존엄을 지켜 내는 일이었다.

시몬 드 보부아르는 『아주 편안한 죽음』에서 죽음을 결코 개인의 사건으로 보지 않았다. 그녀는 죽음이 남겨진 이들의 기억과 시선 속에서 의미를 얻고, 타자의 증언을 통해 비로소 하나의 완성된 사건이 된다고 보았다. 죽음은 당사자가 아닌, 그를 바라보고 기억하는 이들의 세계 속에서 마무리되는 것이다. 은하의 생은 끝나지 않았지만, 사회는 이미 그녀를 지워 버렸다. 그러나 그 지워짐은 은하 혼자만의 상처로 머물지 않았다. 세상이 버린 그녀를 석중은 끝까지 붙들었고, 그의 사랑은 사회가 빼앗아 간 존엄을 다시 그녀에게 돌려주었다. 사회적 죽음은 그녀에게 가해진 폭력이었지만, 석중의 기억 속에서 은하는 다시 '사람'으로 남았다.

마르쿠스 아우렐리우스의 사유 또한 이 이야기에 겹친다. 그는 『명상록』에서 "당신에게 일어난 일은 우주가 당신을 위해 준비한 것이다. 그것을 사랑하라"고 말했다. 그는 고통과 죽음조차 자연의 질서 안에 포함된 일이라 여겼다. 석중은 은하의 병과 사회적 죽음을 세상의 부조리로 보지 않았다. 오히려 그것을 삶의 일부로 받아들이며, 묵묵히 감당했다. 그것은 체념이 아니라, 운명의 섭리를 신뢰하는 태도였다.

그의 침묵 속에는 고요한 믿음이 있었다. "이 모든 일은 내게 주어진 하나의 몫이며, 나는 그것을 사랑할 것이다." 마르쿠스의 철학처럼 석중은 자신에게 닥친 운명을 거부하지 않고 껴안음으로써 삶을 완성시켰다. 은하에게 닥친 불행은 그의 세계를 무너뜨린 사건이 아니라, 오히려 삶을 더 깊게 이해하게 한 통로였다.

이 장면은 현실의 한 부부 이야기를 떠올리게 한다. 2024년 11월 7일, 'Target ALS'는 「A Race Against Time: A Story of ALS and Caregiving」이라는 기사에서 루게릭병(ALS)을 앓는 아내를 10년 넘게 돌본 한 남편의 이야기를 전했다. 그는 치료의 가능성이 거의 없는 병 앞에서 회사를 그만두고 아내 곁을 지켰다. 남편은 남은 시간이 얼마나 될지 알 수 없었지만, 그 시간만큼은 서로의 기억을 다시 되새기고, 가능한 한 의미 있는 날들로 채우고 싶었다고 회고한다. 그의 선택은 석중의 마음과 겹친다. 사랑은 타인의 쇠락과 죽음을 피하는 것이 아니라, 그 곁을 함께 견디며 끝까지 머무르는 방식으로 완성되는 것이다.

그의 삶은 우리에게 묻는다. 누군가의 고통을 끝까지 지켜보는 일, 그것은 얼마나 큰 용기와 헌신을 요구하는가. 그러나 바로 그 자리에 인간의 가장 깊은 사랑이 깃든다. 죽음 앞에서도 "함께 있음"을 포기하지 않는 것—그것이 사랑의 또 다른 이름이다.

삶의 가장 깊은 자리에는 언제나 상실과 두려움이 있다. 그러나 사랑은 그 두려움을 뚫고 나아가, 죽음까지 껴안는다. 은하와 석중의 사랑은 오래가지 못하겠지만, 그 순간만큼은 누구보다 치열하게 사랑할 것이다. 죽음을 이긴 것이 아니라, 죽음을 사랑으로 감싸 안았다는 점에서 그들의 삶은 완성될 것이다.

〈너는 내 운명〉은 우리에게 묻는다. "사랑하는 이를 위해 당신은 어디까지 함께할 수 있는가?" 언젠가 사랑하는 이의 죽음을 마주할 때, 혹은 나의 죽음이 누군가에게 다가올 때, 나는 어떤 태도로 그 순간을 맞을 수 있을까. 어쩌면 사랑이란, 끝내 죽음을 함께 살아 내는 힘인지도 모른다.

늙어감이
들려주는 지혜

; **늙어 간다는 것은
사라지는 것이 아니라
완성되어 가는 일**

✕

키케로, 『노년에 관하여』

 나는 오랫동안 '늙는다는 것'을 상상할 수 없었다. 내 삶은 어느 순간 갑자기 꺼져 버릴 것이고, 그 이전까지만 유효할 거라 믿었다. 노년은 언제나 타인의 것이었다. 버스 안에서 굽은 등을 본 적이 있고, 은행 창구에서 느린 손길을 지켜본 적도 있었지만, 그것이 내 미래의 모습이라는 실감은 들지 않았다. 나는 죽음보다 늙어감이 더 두려웠다. 죽음은 사건처럼 끝나지만, 늙음은 서서히 무너져 가는 과정 같았다. 누구도 알아채지 못한 채 조금씩 지워지는 감각, 역할이 하나씩 줄어드는 무대. 그 막은 오르는 것이 아니라, 서서히 내려오는 것처럼 보였다.

그러던 어느 날, 나는 루이즈 부르주아의 한 인터뷰를 읽었다. 그는 평생 상처와 기억을 작품으로 조각해 냈지만, 젊은 시절에는 크게 주목받지 못했다. 부르주아가 본격적으로 국제적 인정을 받은 것은 70대 이후였다. 1982년, 뉴욕 근대미술관(MoMA)이 그녀의 회고전을 열었을 때 그는 이미 일흔이 넘었고, 그때부터 비로소 세계 미술계의 중심으로 떠올랐다. 거대한 거미 조각 〈마망〉은 그녀가 오랫동안 탐구해 온 '모성·보호·상처'의 상징으로, 강인함과 돌봄을 함께 품은 한 여성의 일생을 압축한 작품이었다. 노년은 그녀에게 쇠퇴의 시간이 아니라, 가장 창조적이고 농밀한 성숙의 시기였다. 그는 사라진 것이 아니라, 오히려 익어 갔다. 세상이 단지 그 익음을 늦게서야 알아보았을 뿐이다.

시몬 드 보부아르는 『노년』에서 여성의 늙음이 두 겹의 소외를 겪는다고 보았다. 하나는 나이라는 이유로, 또 하나는 여성이라는 이유로 사회의 중심에서 밀려나는 경험이다. 그녀가 말한 노년의 여성은 점점 투명해지고, 시선에서 지워지며, 사회적 위치가 흔들린다. 그러나 보부아르는 동시에 노년을 단순한 쇠퇴가 아니라, 존재의 본질에 더 가까워지는 시간으로 바라보았다. 젊음이 아닌 나이듦이야말로 타인의 시선에서 벗어나 자신의 내면을 다시 발견하는 과정이라면, 노년은 사라지는 것이 아니라 다시 자신과 마주하는 일이다.

고대 로마의 철학자 키케로는 『노년에 관하여』에서 노년을 전혀 다른 눈으로 보았다. "노년은 짐이 아니라 즐거움일 수 있다네." 젊음이 씨를 뿌리는 계절이라면, 노년은 수확하고 정리하는 계절이다. 준비 없는 자에게는 황폐한 들판일 수 있지만, 자신을 가꾸어 온 자에게는 풍요로운 창고가 된다. 키케로는 단호하게 말한다. "훌륭한 노년은 젊을 때 시작된다." 젊은 날의 절제와 사유, 명료한 태도가 결국 노년의 품격을 만든다.

그는 인간의 삶이 계절처럼 변화하며, 각각의 시기마다 고유한 덕성과 역할이 있다고 말했다. 어린 시절에는 연약함이, 청년기에는 열정과 대담함이, 장년기에는 책임과 진지함이, 노년기에는 원숙함과 지혜가 깃든다는 것이다. 노년은 겨울의 황폐함이 아니라 가을의 깊은 결실에 가깝다. 젊음이 씨앗을 뿌리는 시간이라면, 노년은 삶의 결을 어루만지며 수

확을 정리하는 과정이다. 늙는다는 것은 쇠퇴가 아니라, 오히려 삶이 완성되어 가는 한 장면이다.

플라톤은 여든이 넘도록 글을 썼고, 이소크라테스는 아흔 넷에 책을 집필했다. 고르기아스는 백 살이 넘도록 글을 멈추지 않았다. 누군가 왜 그렇게 오래 살고 싶으냐 묻자 그는 대답했다. "늙었다고 불평할 이유가 아무것도 없으니까." 그들의 노년은 멈춤이 아니라 확장이었다. 몸은 늙었지만 정신은 오히려 더 예리해졌다. 키케로가 "정신은 단련이 필요한 근육"이라 말한 이유도 여기에 있다.

나는 이런 이야기를 한국 사회의 현실에서도 본다. 화가 김점선은 팔의 통증 때문에 붓을 들기 어려워진 뒤에도 작업을 멈추지 않았다. 그는 2005년 경향신문과의 인터뷰에서 "오십견이 심해 그림을 그릴 수 없었다가, 컴퓨터 덕분에 다시 작업을 이어 가게 되었다"고 말했다. 그래서 그는 모니터를 캔버스로, 마우스를 붓으로 삼아 새로운 방식의 그림을 그리기 시작했다. 병든 몸은 그의 작업 방식을 바꾸어 놓았지만, 표현의 욕망을 꺾지는 못했다. 오히려 그는 이전보다 더 솔직하고 단단한 선을 찾아갔다. 나이듦은 그에게 퇴보가 아니라, 익어감의 과정이었다.

이들의 노년은 키케로가 말한 '완성의 시기'였다. 사회적 역할에서 물러난 뒤에도 자신 안의 창조성을 놓지 않았다. 나이듦은 멈춤이 아니라 축적의 정점이었다. 늙는다는 건 단지 젊음을 잃는 일이 아니라, 삶이 자신을 이해하기 시작하는 과정이다.

죽음을 공부한다는 것은 결국 늙어 가는 연습이다. 죽음을 피할 수 없다면, 그에 이르기까지의 시간을 어떻게 살아 낼지를 묻는 수밖에 없다. 키케로는 『노년에 관하여』에서 "나는 삶을 떠날 때 여인숙을 떠나듯이 떠날 뿐이지, 집을 떠나는 것은 아니다"고 적었다. 그는 인간의 생을 잠시 머무는 여정으로 보았고, 떠날 날이 다가온다 해도 그 시간이 끝이 아니라 또 하나의 이행(移行)이라고 보았다. 그래서 노년 역시 사라지는 과정이 아니라, 살아온 시간들을 품으며 더욱 맑아지는 내면과 마주하는 시기였다. 우리는 늙어 가면서도 여전히 배우고, 쓰고, 사랑하며, 남겨진 말들을 세상에 건넬 수 있다. 노년은 닫힘이 아니라, 조용한 완성의 순간이다.

나는 다른 한 구절을 떠올린다. 헨리 데이비드 소로는 노년을 사라지는 시간이 아니라, 삶을 덜어 내고 본래의 자신으로 천천히 돌아가는 길로 보았다. 늙어 간다는 건 사라지는 일이 아니라, 마침내 나 자신으로 완성되어 가는 일이라는 것을.

; 아침에 죽음을 생각하는 것이 좋다

**김영민,
『아침에는 죽음을 생각하는 것이 좋다』**

사실 죽음은 이미 내 삶에 여러 차례 스며들어 있었다. 어린 시절 키우던 강아지와 병아리가 싸늘하게 식어 가던 순간, 장례식장에 모인 검은 옷의 어른들, 그리고 갑작스레 전해진 친구의 부고 소식. 그러나 그 모든 기억은 이해라기보다 회피에 가까웠다. 나는 죽음의 무게를 정면으로 마주하지 못했고, 가능한 한 외면하며 살아왔다. '언젠가 닥치겠지'라는 막연한 불안 속에서, 눈앞의 일상을 채우는 데만 급급했다.

그러던 어느 날 아침, 특별할 것 없는 풍경 속에서 문득 생각이 멈췄다. 주마등처럼 스쳐 가는 사람들의 얼굴을 보며 스스로에게 물었다. "나는 언제 죽을까?" 그 질문은 단순한 호기심이 아니라, 손끝이 떨릴 만큼 차가운 현실로 다가왔다. 죽음은 멀리 있는 불청객이 아니라, 내 존재를 규정하는 가장 본질적인 질문이었다.

김영민 교수는 『아침에는 죽음을 생각하는 것이 좋다』에서 죽음을 멀리 두려는 태도가 오히려 우리를 더 약하게 만든다고 말한다. 현대 사회는 죽음을 가능한 한 시야 밖으로 밀어내려 한다. 장례 시설을 도시 외곽으로 옮기고, 죽음과 관련된 공간을 일상에서 분리하며, 죽음을 마주하는 경험 자체를 불편한 것으로 취급한다. 그러나 김영민 교수는 이런 회피가 죽음을 없애는 것이 아니라, 오히려 더 큰 불안과 그림자로 되돌아온다고 지적한다. 그의 조언은 분명하다. 죽음을 어둠 속의 공포로 두지 말고, 아침의 마음으로 사유하라는 것. 삶의 한복판에서 죽음을 생각할 때 비로소 우리는 더 선명하게 살아갈 수 있다고 그는 말한다.

삶은 결국 죽음을 향해 흐르는 궤적이다. 그 궤적을 의식하는 사람만이 오늘을 더 깊이 붙잡을 수 있다. 스피노자는

『에티카』에서 말했다. "지혜로운 인간은 죽음을 묵상하는 것이 아니라, 삶을 묵상한다." 그러나 그 말의 역설은 분명하다. 죽음을 외면하는 사람은 진정한 삶을 알지 못한다는 뜻이다. 죽음을 인정할 때, 인간은 오히려 더 강하게, 더 맑게 살아갈 수 있다.

파스칼은 『팡세』에서 인간이 죽을 존재임을 알면서도 그 사실을 견디지 못해 끊임없이 도망친다고 보았다. 그는 우리가 소비와 분주함 속에 빠져드는 이유를 "죽음의 침묵을 듣지 않기 위한 오락"이라고 설명한다. 죽음을 잊기 위해 삶을 소란스럽게 만드는 것, 그 소란 자체가 인간의 가장 큰 자기기만이라는 것이다. 파스칼은 오히려 그 고요 속으로 들어가 죽음의 진실을 바라보라고 말한다. 그 순간에야 비로소 우리는 자기 자신과 마주할 수 있기 때문이다.

사르트르는 『존재와 무』에서 인간을 "자유롭도록 선고된 존재"라고 말했다. 인간은 유한한 존재이기 때문에 끊임없이 선택해야 하고, 그 선택들을 통해 스스로를 구성한다. 그는 죽음을 내가 선택할 수 있는 사건이 아니라 "타자에 의해 규정되는 나의 하나의 방식"으로 보았다. 죽음은 나의 가능성을 닫아 버리는 끝이지만, 그 가능성의 유한성을 자각할 때 인간은 오히려 더욱 능동적으로 자신의 삶을 창조할 수 있다. 사르트르에게 유한성은 한계가 아니라, 자유를 실천하도록 우리를 밀어붙이는 힘이었다.

한병철은 『피로사회』에서 현대인이 효율과 성과에 몰두하느라 삶의 깊이를 잃어가고 있다고 분석한다. 그는 우리가 쉼 없이 생산하고 움직이지만, 그 속에서 오히려 공허와 소진이 자란다고 말한다. 죽음을 회피하고 유한성을 사유하지 않는 사회일수록, 인간은 '살아 있음'이 아니라 '작동함'의 상태로 몰린다. 그가 말하는 피로는 단순한 과로가 아니라 인간다움의 상실이다. 결국 죽음을 사유한다는 것은 삶을 기계처럼 소모하지 않고, 다시 인간으로 서는 일이다.

파블로 피카소의 말년은 예술로 죽음을 응시한 인간의 기록이었다. 그는 여든이 넘은 나이에도 작업을 멈추지 않았고, 마지막 순간까지 매일 붓과 캔버스를 붙들었다. 노년의 피카소는 죽음을 기다리는 대신, 죽음의 그림자 위에 다시 색을 얹으며 삶을 연장하듯 새로운 작품을 만들어 냈다.
그의 늦은 시기의 선과 형상은 소멸을 부정하는 몸짓이 아니라, 끝까지 살아 있으려는 의지의 흔적처럼 보인다. 어떤 평론가들은 그의 말년 작품을 '죽음에 대한 응시'라 말하지만, 오히려 그것은 생의 마지막까지 창조하려는 응전이었다. 그는 매일 반복되는 붓질 속에서 마지막을 두려워하는 대신, 그 가능성 위에 새로운 선을 긋고 색을 더했다. 죽음을 피하는 대신 그 위를 덧칠하며 남긴 흔적—그것이 피카소가 예술로 보여 준 인간의 방식이었다.

피카소의 태도는 우리에게 묻는다. "당신은 무엇으로 죽음을 넘어설 것인가?" 죽음을 몰아내는 것이 아니라, 그 안에서 여전히 창조하고 사랑할 수 있는 힘. 그것이야말로 삶의 마지막 품격일 것이다. 그는 죽음을 두려움의 사건이 아니라, 살아 있는 자의 손끝에서 완성되는 하나의 작품으로 남겼다. 결국 그의 붓이 멈춘 날, 세상은 그를 잃었지만 그의 선과 색은 여전히 살아 있다. 죽음이 닫은 문 너머에서, 그는 예술로 다시 태어났다.

죽음을 묵상한다는 것은 끝을 생각하는 일이 아니라, 시작을 새롭게 여는 일이다. 스피노자의 생명 철학, 파스칼의 침묵, 사르트르의 자유, 한병철의 피로사회, 그리고 피카소의 예술은 서로 다른 언어로 같은 메시지를 전한다. 죽음을 떠올릴 때 우리는 오히려 삶을 더 깊이 사랑하게 된다.

아침은 그 연습에 가장 알맞은 시간이다. 아직 하루가 쓰이지 않은 새하얀 종이 같은 순간, "나는 언젠가 죽는다"는 단순한 사실을 떠올리면 하루 전체가 달라진다. 어제의 후회는 희미해지고, 내일의 불안은 뒤로 물러난다. 오늘이 더는 당연하지 않게 되고, 오직 지금만이 선물처럼 다가온다.

죽음을 떠올리는 아침은 어둠이 아니라 빛이다. 공포가 아니라 선물이다. 죽음을 기억하는 순간, 오늘은 특별해지고, 매 순간은 더 소중해진다. 영원히 살 것도 아니면서, 그러니 오늘을 살아야 한다. 조금 더 진심으로, 조금 더 단단하게.

; 어떤 죽음이 삶에게 말했다

김범석, 『어떤 죽음이 삶에게 말했다』

 그날 새벽, 바닷가에서 파도를 바라보다가 이상한 생각이 들었다. 물결은 밀려오고 또 밀려가는데, 어느 순간부터 나는 그 리듬에 뒤처지고 있었다. 파도는 여전히 반복되지만, 나는 그 반복 속에서 조금씩 사라지고 있었다. 그때 알았다. 죽음은 바깥에서 오는 파도가 아니라, 내 안의 조용한 물결이라는 것을.

 그즈음 나는 김범석 교수의 『어떤 죽음이 삶에게 말했다』를 읽었다. 서울대병원에서 오래도록 암 환자를 돌봐 온 그는, 죽음을 단순한 끝이 아니라 남은 시간이 어떻게 살아지는지를 보여 주는 창으로 바라본다. 책을 펼치면 병원의 무거운 공기보다 먼저, '살아 있음'이 마지막까지 어떻게 유지되는가에 대한 섬세한 관찰이 전해진다. 인간이 마지막 순간에 어떤 태도로 하루를 채우는지—그 시간의 윤리에 대한 기록이었다.

김 교수는 여러 환자의 사례를 통해, 죽음이 어느 날 갑자기 닫히는 문이 아니라 삶이 마지막으로 자신을 드러내는 시점이 될 수 있다고 말한다. 어떤 환자는 치료의 한계에 이르렀음에도 절망 속에 머무르지 않았다. 그는 남겨야 할 말과 해야 할 정리를 차분히 이어 갔고, 그 과정에서 오히려 하루의 의미를 새롭게 발견해 갔다고 한다. 김 교수는 이런 모습을 두고 "마지막 시간은 삶의 태도를 가장 선명하게 비추는 순간"이라는 취지의 이야기를 반복해 전한다. 두려움보다 품위를, 혼란보다 평정을 선택한 사람들의 모습에서 그는 '죽음이 삶에게 건네는 메시지'를 읽어 낸다.

김범석은 말한다. 죽음을 두려워하기보다 그 사실을 자각할 때 비로소 인간은 삶을 다시 선택할 수 있다고. 그는 죽음을 피해야 할 적이 아니라, 인간이 '삶의 윤리'를 배우는 자리로 본다. 죽음을 준비한다는 것은 삶을 포기하는 일이 아니라, 마지막까지 자신답게 존재하려는 일이다.

그의 기록 속 '죽음을 준비하는 사람들'은 공통적으로 비슷한 언어를 남긴다. "오늘은 조금 더 웃어 보려 합니다." "고맙다는 말을 더 많이 하려 합니다." 그 문장들은 어떤 철학서보다 깊었다. 죽음을 앞두고도 삶을 다르게 살아 보려는 의지, 그것이 인간의 품위이자 희망이었다.

그 문장들을 읽으며 나는 멈춰 섰다. 내 하루는 얼마나 의식적으로 살아지고 있었을까. 해야 할 일에 쫓기고, '나중'을 믿으며 미뤄 왔던 일들—그 '나중'이란 말은 어쩌면 죽음이 멀다고 믿는 사람들만의 허상인지도 모른다. 죽음을 앞둔 사람들에게 '나중'은 존재하지 않았다. 오직 오늘, 지금 이 순간뿐이었다.

책에는 또 다른 인물이 등장한다. 아버지를 돌보느라 자신을 잃어버린 딸이었다. 주변은 그녀의 헌신을 찬양했지만, 김범석 교수는 조용히 말했다. 자신을 돌보지 않는 사랑은 오래가지 못한다고. 그 말이 내 마음을 붙잡았다. 누군가를 끝까지 지킨다는 것은 단순히 손을 잡아 주는 일이 아니라, 나 자신을 지키는 일이기도 했다. 타인을 돌보는 일과 나를 돌보는 일은 언제나 함께 이루어져야 한다. 사랑이 지속되려면, 자신을 소모하는 방식이 아니라 자신과 타인을 동시에 살리는 방식이어야 한다.

그 문장을 따라가다 보니, 나는 죽음을 '관계의 언어'로 다시 배우게 되었다. 누군가의 마지막은 남겨진 이의 시작이 되고, 그들의 침묵은 새로운 말이 되어 살아남는다. 죽음이 단절이라면 애도는 연결이다. 기억은 과거를 붙잡는 일이 아니라, 현재를 새롭게 살아 보는 행위였다. 우리가 애도할 수 있다는 건, 여전히 사랑하고 있다는 증거였다.

책의 말미에서 김 교수는 이렇게 쓴다. "많은 사람들은 죽음이 삶을 끝내는 줄 알지만, 사실은 삶의 본질을 드러내는 순간이기도 합니다." 나는 그 문장에 밑줄을 긋고 오래 바라보았다. 죽음은 삶의 대척점이 아니라, 삶이 어디까지 닿을 수 있는지를 보여 주는 경계였다. 죽음을 이해한다는 것은 곧 삶의 빛을 이해하는 일이었다.

며칠 뒤, 나는 루게릭병 부부의 이야기를 다룬 기사를 읽었다. 민중의소리 인터뷰에는, 오랜 투병 끝에 말도 쉽지 않은 남편과 그 옆을 지키는 아내의 장면이 담겨 있었다. 남편은 병이 깊어질수록 불안과 두려움을 드러냈고, 아내에게 "나 버리지 마"라고 말하곤 했다. (민중의소리, 「"나 버리지 마"라던 '루게릭' 남편과 약속 지킬 거예요」) 그 말에는 죽음 자체보다 사랑이 끊길까 두려워하는 마음이 더 강하게 담겨 있었다.

또 다른 기사에서는 루게릭병으로 움직일 수 없는 아내를 오랜 시간 돌보는 남편의 이야기가 전해졌다. 남편은 병상 옆에서 밤새 아내의 호흡을 살피며 "아내가 마지막 순간까지 혼자라고 느끼지 않게 해주고 싶다"고 말했다. (전자신문, 「루게릭병으로 사투 중인 아내와 간병 남편」) 그의 고백은 죽음 앞에서조차 사람이 사람을 지키려는 마지막 의지가 무엇인지 보여 주는 증언 같았다.

이 두 이야기는 김범석 교수의 책에서 만난 환자들의 장면과 자연스럽게 겹쳐졌다. 죽음은 사랑의 끝이 아니라, 끝까지 사랑하려는 마음이 가장 선명하게 드러나는 자리였다. 마지막 순간을 준비하는 사람들은 두려움보다 사랑을 먼저 떠올렸고, 그 마음이 그들 삶의 품위를 완성하고 있었다.

그제야 알았다. 죽음을 공부한다는 건 끝을 준비하는 일이 아니라, 매일을 새롭게 살아 내는 일이라는 것을. 완벽한 하루를 만드는 것이 아니라, 조금 더 진심으로 관계를 맺고, 조금 더 따뜻하게 자신을 돌보는 일이라는 것을. 죽음은 언젠가의 사건이 아니라, 오늘의 나를 비추는 거울이었다. 죽음을 사유할수록 삶은 오히려 선명해졌다.

어느 날 문득, 창문 너머로 들어오지 않던 빛이 다시 느리게 스며든다. 나는 여전히 두렵지만, 그 두려움 덕분에 삶을 더 또렷이 본다. 김범석 교수의 말처럼, 삶은 죽음을 마주할 때 비로소 선명해진다. 그렇다면 죽음을 공부한다는 건 결국 더 투명하게, 더 따뜻하게 살아 보려는 연습일 것이다.

; 존엄을 지키는
마지막 사랑

로맹 가리, 『자기 앞의 생』

 삶의 무게는 언제나 가장 약한 존재의 어깨 위에서 드러난다. 『자기 앞의 생』은 세상의 중심이 아닌 변두리에서 피어난 목소리, 그 작은 숨결의 이야기다. 죽음과 사랑, 고통과 연민이 이 책의 주제이지만, 그 시작은 거창하지 않다. 버려진 아이 모모의 시선, 그 조용한 눈동자 속에서 인간이란 존재가 얼마나 부서지기 쉽고, 동시에 얼마나 단단한지를 보여 준다.

 모모는 파리 벨빌의 낡은 아파트에서 살아간다. 그는 어머니에게 버려졌고, 자신이 돌보는 유대계 노파 로자 아줌마의 보살핌 아래 자란다. 로자 아줌마는 과거 매춘부였고, 매춘부의 아이들을 몰래 받아들이며 살아왔다. 『자기 앞의 생』은 화려한 인생담이 아니라, 어둡고 낮은 곳에서 서로를 붙들며 버텨 온 사람들의 이야기로 그려진다. 그들의 작고 느린 사랑 속에는, 세상이 잃어버린 인간의 깊이가 숨어 있다는 생각이 들었다.

"무서워하는 데에 꼭 이유가 있어야 하는 건 아니란다." 로자 아줌마가 모모에게 남긴 이 말은 철학서 어디에서도 쉽게 찾을 수 없는 존재 인식의 언어다. 우리는 흔히 타인의 불안을 이해하려 들며 그 이유를 묻는다. 그러나 감정은 논리가 아니라 사실이다. 설명할 수 없는 두려움조차 존중받을 수 있을 때, 인간은 비로소 서로를 이해하지 않아도 함께 머물 수 있다.

버지니아 울프는 『울프 일기』에서, 글쓰기가 "자신의 생각을 견디고 삶을 이어 가기 위한 유일한 방법"이라고 고백했다. 그녀의 이 고백은 단지 작가의 사적인 고통이 아니라, 인간이 상실을 감당하는 방식에 대한 통찰이었다. 울프에게 글쓰기는 상처를 기록하는 행위가 아니라, 존재를 다시 잇는 생의 기술이었다.

로자와 모모의 시간도 그러했다. 병든 몸이 조금씩 쇠락해 가는 동안, 두 사람은 언어 아닌 언어로 서로를 붙들었다. 손끝의 온기, 눈빛의 미세한 떨림, 그 모든 침묵이 그들의 일기장이었다. 울프가 말한 '글로 견디는 고통'은 이들에게 '사랑으로 견디는 시간'으로 번역되었다. 그 사랑의 반복 속에서 로자는 서서히 사라져 갔지만, 그 사라짐은 오히려 한 인간의 존엄을 가장 완전하게 드러내는 순간이었다.

가즈오 이시구로의 『남아 있는 나날』은 그 존엄의 윤리를 다른 방식으로 보여 준다. 주인공 스티븐스는 평생 완벽한 집사로 살아왔지만, 그 절제의 미덕은 동시에 사랑을 말하지 못한 침묵의 굴레였다. 그는 노년의 끝에서 비로소 깨닫는다. 진정한 품위란 감정을 억누르는 것이 아니라, 누군가의 고통 앞에서 조용히 함께 서 있는 일임을. 모모가 로자의 마지막을 지켜 낸 것도 그런 품위였다. 말 한마디 없이, 그러나 끝까지 곁을 지키는 그 시간은 사랑의 완성형이었다. 죽음은 종결이 아니라, 관계를 끝까지 이어 보려는 인간의 마지막 몸짓이었다.

헬렌 켈러는 말했다. "세상에서 가장 아름다운 것은 눈으로 볼 수 없고, 손으로 만질 수도 없다. 오직 마음으로 느낄 뿐이다."

그녀의 삶은 단순한 장애 극복의 서사가 아니라, 타인의 고통을 이해하고 그 곁에 서려는 한 인간의 연대의 기록이었다. 소리와 빛이 닿지 않는 세계 속에서도, 헬렌은 사람들의 마음에 손을 뻗으려 했고 그들의 삶에 다가서려 했다.

스승 앤 설리번이 헬렌의 손바닥 위에 'W-A-T-E-R'를 새기던 그날, 그녀는 비로소 세상과 연결되는 통로를 발견했다. 헬렌은 그 순간을 "영혼의 새벽"이라 불렀다. 두 사람의 만남은 단순한 교육이 아니라, 서로의 존재를 일으켜 세운 구원의 시작이었다.

『자기 앞의 생』의 모모와 로자처럼, 두 사람은 언어를 넘어선 관계로 서로를 붙들었다. 타인의 어둠 속으로 손을 뻗는 일—그것이 인간이 인간에게 건넬 수 있는 가장 깊은 응답이었다.

나는 지금도 그 질문 앞에 선다. "나는 내 생 앞에서 어떤 언어로 살아 내고 있는가?" "죽음을 마주한 타자의 얼굴 앞에서, 나는 어떤 책임을 감당하고 있는가?" 그리고 무엇보다, "나는 지금 누구의 생을 대신 말해 주고 있는가?"

『자기 앞의 생』은 단순한 소설이 아니다. 그것은 철학적 교과서보다 더 깊은, 인간 존재의 가장 낮은 자리에서 울려 퍼지는 윤리의 목소리다. 모모는 철학자가 아니었지만, 로자의 죽음 앞에서 가장 철학적인 방식으로 사랑을 증명했다. 말없이, 그러나 끝까지.

그래서 나는 오늘도 누군가의 생을 기억하며 쓴다. 잊히지 않게, 사라지지 않게, 그리고 끝내 존엄하게. 그 기억이 곧 사랑이며, 사랑이 곧 인간의 윤리이기 때문이다.

; **죽음을 배움의
마지막 교실로**

김지수, 『이어령의 마지막 수업』

　이어령 선생은 말기 암 진단 이후 『이어령의 마지막 수업』을 통해 자신의 죽음과 삶을 통찰하고자 했다. 더 이상 기존 강단에 설 수 없었지만, 병상과 인터뷰의 자리에서 그는 인생의 가장 깊은 수업을 시작했다. 그 수업의 한 축은 분명히 "죽음은 무엇인가"라는 질문이었다.

　그는 "죽음은 끝이 아니라 또 다른 생의 시작이다"라고 말한 바 있고, 나는 이 말을 보다 시적으로 확장해 이렇게 생각했다—삶이라는 방에서 불이 꺼지는 순간도, 어쩌면 다른 곳에서 새로운 불빛이 켜지는 순간일 것이다.

2022년 2월, 생의 마지막을 앞두고 이어령 선생은 언론과의 인터뷰에서 죽음에 대해 담담히 이야기했다. 그는 병보다 삶의 의미를 더 오래 바라보려 했고, 죽음을 하나의 '끝'이 아니라 더 깊은 이해로 나아가는 통로로 묘사하곤 했다. 공식 기록에서 "죽음은 내게 배움의 마지막 교실입니다"라는 정확한 문장 그대로를 찾을 수는 없지만, 그의 여러 대담과 『이어령의 마지막 수업』 속 말들을 모아 보면, 그는 분명 죽음을 '배움의 자리'로 받아들이려 했다는 인상을 강하게 남긴다.

　항암치료를 멈춘 뒤에도 그는 펜을 내려놓지 않았다. 보도에 따르면 병실 한쪽에는 늘 연필과 노트가 놓여 있었고, 고통이 잠시 비켜가는 틈마다 그는 단어 하나, 문장 하나를 붙잡았다. 기자들은 그 모습을 두고 "그의 병실은 마치 작은 강의실 같았다"고 적었다고 한다. 강단에 설 수 없는 몸이 되었지만, 그는 오히려 병상에서 인생의 가장 깊은 강의를 시작하고 있었다.

　그의 마지막 말들에는 공통된 결이 있었다. 죽음을 공포의 그림자로 보지 않고, 삶을 더 명확히 비추는 빛으로 받아들이려는 태도. 그는 "죽음이 삶의 끝자락에서 우리에게 질문을 던진다"고 했고, 그 질문을 끝까지 붙들려는 듯, 마지막 순간까지 기록하고 사유했다.

그 모습은 '죽음을 공부한다'는 말이 추상이 아니라 그의 삶 전체가 감당한 실천이었음을 보여 준다. 그는 몸이 쇠약해지는 와중에도 생의 의미를 다듬었고, 남은 시간조차 누군가에게 건넬 언어로 바꾸려 했다. 그에게 죽음은 더 이상 두려움의 대상이 아니라, 삶이 마지막으로 자신을 가르치는 교실이었다.

『마지막 수업』은 단순한 수필이 아니다. 그것은 한 시대를 대표한 지성인이 자기 몸을 교과서 삼아 남긴 기록이었다. 이어령(1934~2022)은 병이 무너뜨리는 몸의 시간을 '절망의 장'이 아니라 '배움의 교실'로 바꾸었다. 그는 말했다.

죽음을 공부하는 것은 결국 살아 있는 오늘을 더 깊이 배우는 일이다.

그 문장은 그의 신념이자 실천이었다. 고통 속에서도 그는 글을 쓰고, 배우며, 삶의 의미를 새로 가르쳤다. 죽음을 앞둔

자의 침묵은 살아 있는 자에게 "오늘을 붙잡으라"는 명령이 되었다.

이어령 선생은 죽음을 하나의 끝으로 보지 않았다. 여러 인터뷰에서 그는 죽음을 "새로운 세계로 건너가는 일", "또 다른 시작"으로 이야기하곤 했다. 중앙일보와의 마지막 인터뷰에서는 이렇게도 말했다.

죽음이 내겐 두려움이 아니라 궁금증이 됩니다. 그다음이 보고 싶어요.

그에게 죽음은 닫힌 문이 아니라 다른 공간으로 이어지는 경계였다. 그래서 나는 그의 말을 이렇게 이해하게 되었다. 죽음은 어둠이 아니라 빛의 이동, 소멸이 아니라 전환. 삶이라는 방의 불이 꺼지는 순간, 어쩌면 다른 방에서 또 다른 불빛이 켜지는 것인지도 모른다.

그의 글은 지금도 묻는다. "당신은 오늘을 어떻게 배우고 있는가?" 죽음을 공부한다는 것은 결국 살아 있음의 의미를 더 깊이 배우는 일이다.

함석헌 선생의 사유 속에서 죽음은 삶의 연장에 있는 하나의 '의미적 전환' 혹은 '고난의 완성'으로 읽힌다. 그는 삶과 죽음이 분리된 것이 아니라 서로 얽힌 존재로 바라보며, 죽음을 통해 우리가 마주해야 할 존재의 문제—숙제를 드러내었다고 볼 수 있다.

윤동주의 「서시」에서 "죽는 날까지 하늘을 우러러 한 점 부끄럼이 없기를"이라는 선언적 구절이 떠오른다.

김수영의 시 「풀」은 이렇게도 읽힌다.

"풀이 눕는다. 바람보다도 더 빨리 눕는다… 바람보다도 먼저 일어난다."

나는 이 두 시선이 죽음 앞에서 인간이 서 있는 태도를 서로 다른 방식으로 보여 준다고 본다. 윤동주는 가능한 한 무죄한 존재로 남기를 바랐고, 김수영은 바람 앞에 눕고 다시 일어서는 존재의 특유한 꿋꿋함을 보여 주었다. 두 시인은 모두 죽음을 삶의 연속 위에 두었다는 점에서 닮아 있었다—하나는 하늘을 향해, 또 하나는 땅 위 풀잎을 향해.

2022년 2월 26일, 이어령은 오랜 투병 끝에 가족이 지켜보는 가운데 눈을 감았다. 언론들은 그의 삶을 돌아보며, 그가 마지막까지도 '죽음을 공부한 지성'이었다고 기록했다. 특히 『이어령의 마지막 수업』에서 그는 "죽음은 공포가 아니라 삶을 다시 바라보게 하는 창"이라고 말한 바 있다. "인생은 파노라마가 아니라 한 컷의 프레임"이라는 그의 말처럼, 그는 자신의 생을 조용한 성찰의 장면들로 정리해 나갔다. 그 말은 이별의 인사이자, 삶 전체를 마무리하는 종소리였다. 죽음은 그에게 끝이 아니라 배움의 완성, 문턱을 넘어서는 지성의 마지막 걸음이었다.

그의 죽음을 떠올리면, 나는 문득 내 안에서 같은 질문이 일어난다. 죽음을 피할 수는 없지만, 그 죽음을 어떻게 맞이하느냐는 결국 남은 자들의 몫이다. 이어령의 죽음은 침묵이 아니라, 여전히 살아 있는 언어였다. 그 언어는 우리에게 묻는다.

"당신은 당신의 마지막 수업을 어떻게 준비하고 있는가?"

; **사랑과
상실의 지혜**

박완서, 『사랑을 무게로 안 느끼게』

 죽음은 사랑했던 존재를 데려가지만, 그 부재 속에서 우리는 비로소 사랑의 무게를 깨닫게 된다. 박완서의 글들은 그 무게를 온몸으로 통과한 한 여인의 기록이다. 작가는 1988년, 몇 달 간격으로 남편과 아들을 연달아 잃는 격렬한 상실을 겪었다. 남편은 그해 5월 폐암으로 세상을 떠났고, 아들은 같은 해 8월 교통사고로 생을 마감했다. 한 해 안에 삶의 중심 둘을 잃은 그녀에게 애도는 일상이 되었고, 글쓰기는 그 절망의 그림자 속에서 스스로를 붙잡는 유일한 방법이었다.

 『사랑을 무게로 안 느끼게』는 남편과 아들의 죽음을 직접적으로 기록한 책은 아니지만, 1970~1990년대의 일상과 사유를 담은 산문 속에는 상실 이후 박완서의 달라진 감정 구조가 배어 있다. 문장은 담담했지만, 그 담담함은 체념이 아니라 버티기 위한 마지막 단단함에 가까웠다. 언뜻 평범한 일상 묘사 속에서도 상실의 흔적은 지워지지 않은 그림자처럼 남아 있었고, 사랑의 무게는 더욱 명징하게 드러났다.

박완서에게 남편의 죽음은 삶 전체를 뒤흔드는 상실이었다. 그는 여러 글과 인터뷰에서 남편을 떠나보낸 뒤의 시간을 "참고 견디며 사는 문제"라고 표현하며, 그 상처가 "여전히 내 안에 남아 있다"고 고백했다. 예고 없이 찾아온 이별은 그녀를 깊은 침묵과 공허 속으로 몰아넣었고, 남은 삶의 감정적 구조를 완전히 달라지게 만들었다. 2007년 인터뷰에서 박완서는 "아픔과 슬픔은 극복되는 것이 아니라 평생 안고 가는 것"이라고 말하며, 상실이 단순한 사건이 아니라 세계의 무게를 바꾸는 경험임을 드러냈다. 그녀의 말처럼, 죽음은 한 사람의 삶에서 한순간의 사고가 아니라, 이후의 모든 감정과 시간을 다시 구성하게 만드는 거대한 균열이었다.

"그이의 부재 속에서도 나는 하루하루를 살아 내야 했다. 사랑의 무게는 줄지 않았지만, 그 무게를 견디는 법을 조금씩 배워 갔다." 그녀에게 '죽음을 견딘다'는 말은 곧 '사랑을 이어 간다'는 뜻이었다.

박완서의 애도는 단순한 회상이 아니라, 상실을 '살아 낸 과정'에 가깝다. 이성은의 연구(2024)에 따르면, 박완서의 산문에서 애도는 과거를 미화하거나 기억을 정리하는 방식이 아니라, 상실의 고통을 통해 스스로를 다시 구축해 가는 "통과의 서사"로 나타난다. 남편과 아들을 잇달아 떠나보낸 뒤, 그녀는 그 부재를 외면하지 않고 오히려 일상 속에서 직면하며 살아갔다.

논문은 박완서의 글쓰기가 애도의 감정을 억누르거나 벗어나려는 시도가 아니라, 상실의 무게를 삶 내부로 끌어들이는 행위라고 분석한다. 그녀에게 글쓰기는 치유의 기제가 아니라, 상실을 자신의 존재감 속으로 편입하는 과정이었다. 이 통과의 과정에서 상실은 사라지지 않고, 삶과 함께 흔들리는 감정의 층위로 남는다.

이 연구가 보여 주듯, 박완서의 애도는 비극의 감정을 정리하거나 덮는 방식이 아니라, 부재의 자리를 품고 살아 내는 고통 자체를 문학으로 전환한 기록이다. 그녀가 남긴 산문들은 상실 이후에도 견디며 살아가는 한 인간의 내밀한 이야기를 담고 있으며, 상실이 어떻게 "삶의 재구성"으로 이어지는지를 보여 준다.

사별의 순간은 누구에게나 깊은 수렁처럼 찾아온다. 헬스조선(2025.6.23.)에 따르면, 채정호 교수는 사랑하는 존재를 떠나보낸 뒤 가장 먼저 해야 할 일은 "그가 어떤 존재였는지, 이제 남은 삶에서 그 의미를 어떻게 다시 짜 맞출 것인지"를 고민하는 일이라고 말한다. 슬픔의 깊이를 억누르기보다, 그가 남긴 의미를 가꾸는 것이 회복의 시작이라는 것이다.

그는 지속적 애도 장애를 "극도의 슬픔이 1년 이상 지속되는 상태"라고 설명하며, 상실을 건강한 그리움으로 전환하기 위한 핵심 조건을 이렇게 말한다. 텅 비어 버린 자리만 바라보는 대신, 그가 한때 곁에 있었던 덕분에 내 삶이 얼마나 풍요로웠는지를 떠올리는 일. 이 기억의 전환이 고통을 조금씩 다루기 쉽게 만들며, 떠난 사람과의 관계를 다른 방식으로 계속 이어 가는 힘이 된다고 한다.

이 조언은 박완서의 애도 서사와 깊이 맞닿아 있다. 1988년 아들을 잃은 뒤, 그녀는 상실을 잊거나 덮지 않았다. 오히려 상처의 무게를 자신의 언어 속에 천천히 스며들게 하며, 삶의 구조를 다시 짜 맞추는 방식으로 애도를 실천했다. 박완서에게 애도는 종결이 아니라 통과, 부재를 떠안은 채 살아가는 자가 스스로를 윤리적으로 사유하는 과정이었다.

죽음 이후에도 관계는 완전히 끊어지지 않는다. 떠난 자는 기억 속에서, 일상의 사소한 동작 속에서, 남겨진 자의 삶을 다시 구성하는 의미로 살아난다. 그렇기에 애도란 상실을 잊는 일이 아니라, 그가 남긴 의미로 나를 다시 세우는 일이다.

사별에 대한 조언을 읽으며 나는 셰릴 샌드버그의 고백을 떠올렸다. 남편을 갑작스럽게 잃은 뒤, 그녀는 "나는 거대한 공허 속으로 빨려 들어가는 느낌이었다"고 말했다. 상실은 그녀를 한순간에 삶의 중심에서 밀어냈고, 일상은 남편의 부재가 남긴 빈칸으로 가득했다.

그러나 시간이 흐르자, 그녀는 사랑과 상실을 함께 짊어지는 법을 배워 갔다. 샌드버그는 "사랑과 상실은 결국 함께 지고 살아가는 것이다"라고 말했다. 사랑이 사라지고 슬픔만 남는 것이 아니라, 두 감정이 서로의 무게를 나누며 한 사람 안에서 공존하게 된다는 뜻이었다.

그리고 그녀는 이렇게 덧붙였다. "그는 이제 곁에 없지만, 사랑은 사라지지 않았다." 떠난 사람의 부재가 사랑을 지워 버리지는 못했던 것이다. 사랑은 단절되는 것이 아니라, 일상의 다른 자리로 옮겨 가며 조용히 형태를 바꾸어 살아남는다.

샌드버그의 고백은 애도가 슬픔을 없애는 과정이 아니라, 떠난 사람에게서 받은 사랑을 또 다른 방식으로 이어 가는 여정임을 보여 준다. 죽음은 끝이 아니라, 사랑이 새로운 모습으로 숨을 이어 가는 시작이었다.

박완서에게도 죽음은 결별이 아니라 사랑이 다른 차원으로 옮겨 가는 사건이었다. 죽음을 공부한다는 것은 결국 사랑의 무게를 피하지 않고 감당하는 일이다. 그러나 박완서는 우리에게 말한다. 사랑을 무게로만 느끼지 말라고. 그것은 사랑을 가볍게 만들라는 뜻이 아니다. 무겁더라도 그 무게를 품어 내며 살아가라는 요청이다.

죽음이 삶의 깊이를 드러내듯, 사랑 또한 상실을 통해 참모습을 드러낸다. 사랑과 죽음은 서로를 비추는 거울이다. 나는 이제야 안다. 죽음은 누군가를 잃는 사건이 아니라, 사랑을 다시 배우는 과정이다. 사랑이 무거워질 때마다 그 무게를 나의 일부로 받아들이는 일—그것이야말로 살아 있는 자가 할 수 있는 가장 단단한 애도의 방식이다. 죽음이 우리를 갈라놓더라도, 사랑은 여전히 남아 삶을 지탱한다. 그것이 박완서가 남편을 애도하며 남긴 가르침이자, 우리가 배워야 할 마지막 지혜일 것이다.

; **노년의
사랑과 이별**

×

영화 〈님아, 그 강을 건너지 마오〉

죽음을 공부한다는 것은 사랑을 공부하는 일과 닮아 있다. 내가 죽음을 두려워했던 순간을 떠올려 보면, 그것은 언제나 '나의 죽음'보다 '사랑하는 이의 죽음'을 상상할 때였다. 내 삶이 끝나는 공포보다, 내 곁의 사람이 사라지는 고통이 훨씬 더 아프다. 진모영 감독의 다큐멘터리 〈님아, 그 강을 건너지 마오〉는 바로 그 두려움을 정면으로 응시한 작품이다. 76년을 함께 살아온 조병만 할아버지와 강계열 할머니의 일상은 한 편의 서정시이자, 사랑이 어떻게 죽음의 강을 건너는가에 대한 기록이었다.

이 영화에는 거창한 사건이 없다. 대신 손끝의 일상이 있다. 쓸던 낙엽을 모아서 할머니에게 던지고, 냇가에서 빨래하는 할머니 앞에 조약돌을 던져 물을 튕기고, 항상 커플 한복을 맞추는 등 소박한 풍경들이 이어지지만, 그 안에는 말할 수 없는 슬픔의 전조가 깃들어 있다. 관객은 그들의 웃음에 미소 짓다가도 문득 숨을 고르게 된다. 이 평화로운 시간들이 영원하지 않음을, 결국 한 사람만이 강을 건너야 함을 알고 있기 때문이다.

후반부로 갈수록 할아버지의 몸은 서서히 쇠약해진다. 숨소리가 잦아들고, 기침 소리는 심해진다. 할머니는 할아버지의 곁을 지키며 손을 어루만진다. 그 애틋한 손길은 의학의 영역이 아닌, 사랑의 마지막 언어였다. 그러나 아무리 정성스러운 손길이라도 죽음의 시간을 되돌릴 수는 없다.

그때 떠올랐던 기사가 있다.

2024년 5월 7일 자 코메디닷컴 기사, 「'여보, 미안했어. 사랑해'… 말기 암 남편의 마지막 말」이었다. 위암 말기 진단을 받은 남편은 마지막까지 아내의 손을 잡고 말했다. "이제 갈

때가 되니 아내에게 너무 미안하다. 내 곁을 지켜 준 그 사람에게 사랑한다는 말을 남기고 싶다." 기자는 "그의 손은 점점 식어 갔지만, 아내의 눈빛은 여전히 그를 붙들고 있었다"고 기록했다. 남편이 세상을 떠난 뒤에도 아내는 병실의 의자를 치우지 못했다고 한다. 그 자리에 앉으면 여전히 남편의 온기가 남아 있는 듯했기 때문이다. 그 고백은 영화 속 노부부의 장면과 겹쳐졌다. 사랑하는 이를 바라보는 눈빛, 그것은 이별의 순간에도 삶을 붙드는 마지막 힘이었다.

그들의 사랑은 생의 마지막까지 '돌봄'이라는 언어로 이어졌다. 카메라는 그들의 마지막까지를 숨기지 않고 보여 주며, 관객을 그들의 삶의 증인으로 세운다. 우리는 그들의 웃음과 눈물 속에서, 죽음을 '공적인 사랑의 사건'으로 다시 경험하게 된다.

두 이야기 모두 같은 진실을 말하고 있었다. 죽음은 관계를 끝내는 사건이 아니라, 사랑이 머무는 또 다른 자리였다. 조병만 할아버지가 강계열 할머니를 바라보던 그 눈빛처럼, 인간이 보여 줄 수 있는 가장 깊은 감정의 결은 이별의 순간에 가장 선명해진다. 죽음은 몸에서 시작되지만, 결국 타인의 얼굴 속에서 완성된다. 사랑하는 사람의 눈빛이 곁에 있는 한, 죽음은 결코 완전한 단절이 될 수 없다.

역사학자 필리프 아리에스는 『죽음의 역사』에서 근대 사회가 죽음을 점점 사적인 영역으로 밀어냈다고 분석했다. 병원과 요양원이 공동체의 죽음을 대체하면서, 사람들은 죽음을 가능한 한 '보이지 않는 사건'으로 숨기게 되었다. 그러나 〈님아, 그 강을 건너지 마오〉의 노부부는 그 흐름에 역행했다. 그들은 죽음을 공동체 안으로, 일상의 품으로 다시 불러왔다. 진모영 감독은 경향신문 인터뷰(2014.12.18.)에서 이렇게 말했다. "이분들을 통해서 정말 큰 사랑을 느낄 수 있지 않을까 생각했죠." 또한 그는 죽음을 다룬 방식에 대해, "사실 죽음을 표현할 때는 담담하게 했어요"라고 설명했다. 감독의 이 두 말에는 영화의 미학과 윤리가 함께 담겨 있다. 그는 죽음을 비극의 절정으로 그리지 않고, 노부부의 평생 삶을 이루고 있던 사랑의 한 흐름으로 보여 주려 했다. 카메라는 그들의 마지막까지를 숨기지 않고 천천히 비추며, 관객을 두 사람의 삶과 이별의 증인으로 세운다. 우리는 그들의 웃음과 침묵과 손끝의 떨림을 통해, 죽음을 '공적인 사랑의 사건'으로 다시 경험하게 된다.

나희덕의 시에는 언제나 한 사람의 부재를 통해 더 선명해지는 존재의 흔적이 흐른다. 그녀에게 부재는 단절이나 공백이 아니라, 오히려 조금 더 깊게 들여다보게 되는 관계의 그림자다. 이 말은 사랑하는 이의 죽음 앞에서 우리가 살아가는 방식을 압축한 문장처럼 들린다. 할아버지의 부재는 사라짐이 아니라, 다른 방식의 함께함이었다. 죽음은 그들을 갈라놓았지만, 사랑은 끝내 두 사람을 잇는 다리가 되었다.

죽음은 사랑의 종말이 아니라, 사랑이 다른 형식으로 이어지는 순간이다. 누군가 강을 건너간 뒤에도, 남은 이는 그가 남긴 온기와 함께 살아간다. 사랑은 그 강을 건너도 사라지지 않는다. 다만 형태를 바꿀 뿐이다. 손에서 손으로, 기억에서 기억으로, 노래에서 침묵으로 옮겨가며 계속된다. 그리고 그 잔잔한 이어짐 속에서 우리는 비로소 깨닫는다. 죽음을 공부한다는 건, 결국 '끝나지 않는 사랑'을 배우는 일이라는 것을.

; 노년의 고독과
   오늘의 삶

시몬 드 보부아르, 『노년』

늙는다는 것은 천천히 사라지는 일이 아니라, 서서히 자신에게 돌아가는 과정일지도 모른다. 보부아르는 '노인의 지위'가 노인 자신이 정복하고 취득해 가는 것이 아니라 주어지는 것이라는 사실에 주목했다. 젊음이 사회 속에서 자신을 증명해야 하는 시간이라면, 노년은 그 모든 외피를 벗고 '나 자신'으로 남는 시간이다. 그러나 그녀는 냉정하게 덧붙였다. "노년은 사회가 인간에게서 철회한 시간이다." 늙은 몸은 생산의 무대에서 밀려나고, 사회는 그들을 투명인간처럼 대한다. 그래서 노년은 단지 육체의 쇠퇴가 아니라, 관계의 자리에서 밀려나는 데서 시작된다.

몇 해 전 읽은 한 인터뷰가 떠오른다. "젊을 때는 늘 시간이 부족했는데, 지금은 시간이 너무 많아요. 그런데 그 시간이 나를 더 외롭게 만들어요." 인터뷰 속 80대 여성은 새벽마다 시장에 나가 하루의 리듬을 만든다고 했다. 아무도 자신을 기다리지 않지만, 그럼에도 매일 문을 열고 나오는 이유는 "살아 있다는 증거"를 스스로 확인하기 위해서였다. 나는 그 말을 읽으며 지하철 입구에서 채소를 팔던 할머니의 얼굴을 떠올렸다. 그분 또한 삶의 무게 속에서 "오늘도 살아 있다"는 증거를 찾고 계셨던 게 아닐까. 보부아르가 말한 '존재의 투명함'이 바로 그런 얼굴일 것이다. 늙는다는 건 결국 '보이지 않게 되는 일'을 견디는 것이다.

보부아르는 『제2의 성』에서 여성의 노년을 이중의 소외로 보았다. 한 번은 나이로, 또 한 번은 성별로. 젊은 여성은 타인의 욕망 속에서 의미를 부여받지만, 나이 들어서는 그 욕망의 자리마저 사라진다. 그러나 그녀는 거기서 절망하지 않았다. "노년은 인간이 처음으로 자기 자신과 진정으로 대화하는 시간"이라며, 타인의 시선에서 벗어난 이 시기를 '내면의 자유가 시작되는 때'로 보았다. 더 이상 보여 주기 위한 삶이 아니라, 스스로에게 귀 기울이는 삶. 노년은 타인의 기준을 내려놓고 자신을 다시 배우는 시기였다.

한나 아렌트는 『정신의 삶』에서 "사유는 우리를 자기 자신과 함께 머물게 한다"고 썼다. 노년은 타인의 시선에서 멀어지는 시간이지만, 오히려 자기 자신과 가장 깊이 머무는 시기이기도 하다. 인생의 후반부는 타인에게서 물러나 자기 내면의 숲으로 돌아가는 길이며, 그 고독은 자기 자신과 화해하기 위한 공간이었다. 늙는다는 것은 세상으로부터 멀어지는 일이 아니라, 자신에게로 깊어지는 일이다.

버지니아 울프는 『등대로』에서 고독을 단순한 결핍이 아니라 자신에게 돌아가는 시간으로 그렸다. 작품 속 인물은 가족의 부재와 세월의 변화 속에서도 오히려 자신에게 더 가까워진다. 울프는 이렇게 쓴다.

For now she need not think of anybody. She could be herself, by herself… To be silent; to be alone.

이 문장은 혼자 남는 시간이 상실의 그림자가 아니라, 자기 자신으로 존재할 수 있는 내면의 공간임을 보여 준다. 세상이 변해도, 조용히 자신으로 머무는 일은 여전히 가능하다는 듯이. 늙어 간다는 것은 사라짐이 아니라, 자신에게 되돌아가는 문을 여는 일이다. 외로움은 결핍이 아니라, 존재의 깊이를 새로 배우는 과정이었다.

미국 대법관 루스 긴즈버그와 그녀의 남편 마틴의 사랑 이야기가 다시 주목받고 있다. 두 사람은 56년간 함께한 부부로, 루스 긴즈버그는 마틴이 암과 싸우다 2010년 세상을 떠난 뒤에도 그의 편지를 소중히 간직해 왔다. 기사에 따르면, 한 인터뷰에서 루스는 그가 병원에서 쓴 편지를 읽은 경험을 털어놨다. "I found this letter in the drawer next to Marty's bed in the hospital"이라고 그녀는 말했으며, 편지에는 "My dearest Ruth, you are the only person I have loved in my life…"라는 문장이 적혀 있었다. 이 공개된 녹음과 편지는 두 사람의 관계가 단순한 동반을 넘어 서로의 존재를 지탱해 온 연대였음을 보여 준다. 루스는 마틴을 "내 세대에서 진정으로 특별했던 사람"이라고 회고하며, 그의 지지 덕분에 자신의 삶과 법률가로서의 역할을 온전히 살아 낼 수 있었다고 했다. 마틴이 떠난 뒤에도 그의 편지는 많은 이들에게 깊은 감동을 주었고, 그들의 사랑은 숫자와 시간 너머로 남아 있다.

보부아르의 『노년』을 따라가다 보면, 그녀가 노년을 단순한 쇠퇴가 아니라 존재의 새로운 가능성으로 바라보고 있음을 읽어 낼 수 있다. 그녀의 사유는 이렇게 해석될 수 있다.

노년은 새로운 형태의 혁명이다. 인간은 끝까지 인간이어야 한다.

이는 늙어 가는 몸을 부끄러워하지 않고, 고독을 삶의 일부로 받아들이며, 여전히 세상을 향해 자신의 목소리를 내는 태도가 노년의 핵심이라는 그녀의 관점을 요약한 말이다. 노년은 단순히 견디는 단계가 아니라, 오히려 사회적 시선과 역할에서 벗어나 끊임없이 '나'로 존재하는 연습의 시기라는 점에서 하나의 해방이자 전복이다.

보부아르의 사유를 이렇게 읽어 낼 때, 노년은 소멸이 아니라 인간이 자기 자신에게 가장 가까워지는 시간이다.

이제 나는 '노년'을 두려움보다 배움으로 느낀다. 그것은 삶의 끝이 아니라, 다시 자신을 배우는 시간이다. 젊음이 타인 속에서 자신을 증명하는 시기라면, 노년은 자기 자신 속에서 자신을 발견하는 시기다. 늙어감은 사라지는 일이 아니라, 삶의 가장 깊은 자리로 천천히 들어가는 일이다. 노년의 고독은 외로움이 아니라, 자기 자신과 다시 만나기 위한 시간이다.

오늘, 죽음을 곁에 두고 산다는 것

;　　　**존재의
　　　　전환**

×

헤르만 헤세, 『데미안』

살아가며 가장 깊은 순간은 언제나 한 세계가 끝날 때 찾아왔다. 그 세계는 눈에 보이지 않았지만, 분명히 존재했다. 습관처럼 지키던 하루의 리듬, 침묵으로 유지된 관계의 균형, 내가 나를 바라보던 방식. 그 모든 것이 조용히 무너질 때, 나는 그 파편을 '죽음'이라 불렀다.

헤르만 헤세의 『데미안』에서 싱클레어는 이렇게 고백한다. "나는 처음으로 죽음을 맛보았다. 죽음은 쓴맛이었다. 왜냐하면 그것은 탄생이니까." 그가 말한 죽음은 육신의 종말이 아니라, 자신이 만들어 온 세계가 무너지고 새로운 자아가 태어나는 내적 변혁이었다. 죽음은 단절이 아니라, 기존의 세계가 더 이상 나를 담아낼 수 없음을 알리는 신호였다. 그 신호 앞에서 인간은 선택하게 된다. 잔해 위에 머물 것인가, 아니면 그 파괴를 통과해 다른 방식의 '나'로 나아갈 것인가.

나 역시 그 신호를 여러 차례 경험했다. 스물한 살 무렵, 서울의 광고회사에서 몇 달을 버티다 퇴근 후 엎드려 울던 밤이 있었다. 커피 향만 맡아도 메스꺼워졌던 그날, 나는 알았다. 이것은 단순한 피로가 아니라, 더 이상 '괜찮은 사람'이라는 껍질로는 살 수 없다는 징후였다. 사회가 요구한 역할, 주변이 기대한 태도, 내가 쌓아 온 체면—그 모든 것이 낯설어졌다. 그것은 분명 하나의 죽음이었다. 나는 그 세계를 떠났다. 그리고 아무도 보지 않는 자리에서, 아주 작은 나로부터 다시 시작했다.

에픽테토스는 『엥케이리디온』에서 죽음의 실체를 있는 그대로 바라보라고 말했다. 죽음은 본래 두려운 것이 아니다. 만약 죽음이 정말 공포 그 자체였다면, 마지막 순간까지 흔들림 없던 소크라테스도 담담할 수 없었을 것이다. 우리를 무너뜨리는 것은 죽음 그 자체가 아니라, 죽음을 무서워해야 한다고 믿는 우리의 판단이다. 그에 따르면 죽음의 그림자는 바깥에서 밀려오는 재앙이 아니라, 우리가 스스로 만들어 놓은 관념의 산물이다. 그래서 에픽테토스는 말한다. 두려워해야 할 것은 죽음이 아니라, 제대로 살지 못한 자신이라고. 죽음은 피해야 할 공포가 아니라, 삶을 더 올바르게 살아가도록 비추는 거울에 가깝다. 죽음을 받아들인다는 것은 곧 통제할 수 없는 것을 내려놓고, 통제할 수 있는 삶으로 돌아가는 일이다. 인간은 죽음을 의식할 때 비로소 진정으로 살아간다. 그때 죽음은 두려움이 아니라 질서가 되고, 평정의 시작이 된다.

나는 그 말을 두 번째로 실감했던 순간을 기억한다. 오래 사랑했던 사람과의 관계가 끝났을 때였다. 그의 말투가 낯설게 들리고, 침묵이 더 이상 나를 안심시키지 않았을 때, 나는 깨달았다. 이 관계는 이미 나를 담아내지 못하고 있음을. 그것은 단순한 이별이 아니라, 내가 그 안에서 더 이상 진실하지 못하다는 자각이었다. 그 고통은 나를 해체했지만, 동시에 새로운 나로 나아가기 위한 통로였다.

『데미안』은 이 과정을 상징적인 문장으로 압축한다. "새는 알에서 나오려고 투쟁한다. 알은 세계이다. 태어나려는 자는 하나의 세계를 깨뜨려야 한다." 알은 사회가 부여한 자아일 수도 있고, 관계가 강요한 태도일 수도 있다. 혹은 스스로 만들어 낸 익숙함의 감옥일 수도 있다. 진정한 탄생은 언제나 파괴를 수반한다. 무너지지 않고는 그 어디에도 '나'로서 설 수 없다.

죽음은 삶을 무너뜨리는 사건이면서 동시에 삶을 다시 세우는 힘이다. 그래서 나는 글을 쓸 때마다 멈칫거린다. 문장이 더 이상 나를 살리지 못하는 순간이 오면, 그것을 하나의 죽음으로 받아들인다. 그리고 멈춘다. 아주 처음처럼, 아무도 보지 못한 언어로 다시 시작하기 위해서. 그 멈춤은 죽음 같지만, 동시에 다시 태어나야 한다는 요청이기도 하다.

삶의 껍질이 부서질 때마다 나는 스스로에게 묻는다. "나는 지금, 정말 나로서 잘 살아가고 있는가?" 이 질문은 사르트르가 말한 것처럼, 인간이 자기 삶을 선택할 수 있을 때만 가능한 물음이다. 죽음은 질문이다. '그럼에도 너는 너로 살 것인가?' 그 질문 앞에서 우리는 무너지기도 하고, 다시 세워지기도 한다. 하지만 분명한 것은, 그 질문을 마주한 날 우리는 조금 더 단단하고, 조금 더 투명한 존재가 된다는 사실이다. 그것이 죽음을 통과한 자만이 얻는 존재의 감도다.

한국에서도 같은 이야기가 남아 있다. 한겨레는 이렇게 기록했다. "죽은 이들의 진실은, 그를 향한 산 사람의 사랑에 남는다."(한겨레, 2022.1.30.) 누군가의 죽음은 결코 사라짐으로 끝나지 않는다. 떠난 이가 남긴 말과 행동, 작은 온기들은 남겨진 이의 마음속에서 다시 살아나 또 하나의 생을 만든다. 그 사랑이 닿아 있던 시간만큼 그들의 흔적은 여전히 우리의 오늘을 비추는 빛처럼 머무른다.

또 소설가 김훈은 한 인터뷰에서 죽음을 오래 응시한 뒤 이렇게 말했다. "죽음을 마주하고 보면, 인간이 시간 앞에서, 삶 앞에서 경건하지 않으면 안 되겠구나… 까불면 안 되는구나, 까불 시간이 없구나."(채널예스, 2015.10.21.) 그의 말은 상실을 경험한 뒤에야 비로소 삶의 본질이 보인다는 사실을 다시 떠올리게 한다. 누군가를 잃는 일은 단순한 슬픔이 아니라, 남겨진 자가 다시 어떻게 살아야 할지 되묻게 하는 통로가 된다. 죽음은 관계를 끊는 사건이 아니라, 남은 이의 삶을 더 깊이 닦아 내는 순간이다. 우리는 상실의 자리에서 멈춰 서지만, 그 멈춤 속에서 다시 살아야 하는 이유가 천천히 모습을 드러난다. 김훈의 말처럼, 삶은 언제나 "경건하게 다루어야 할 어떤 것"임을 상실이 가장 먼저 가르쳐 준다.

죽음은 누군가의 끝이지만, 동시에 남은 자에게는 전환의 문이 된다. 결국 우리는 모두 크고 작은 죽음을 통과하며 '다시 살아가는 법'을 배운다. 죽음은 사라짐이 아니라, 다른 형태의 시작을 준비하게 하는 조용한 신호다.

죽음은 끝이 아니다. 죽음은 질문이다. 그러나 에픽테토스의 말처럼, 그 질문은 두려움이 아니라 질서다. 그 질서를 받아들일 때, 우리는 비로소 삶의 주인이 된다.

; 죽음에도 불구하고 삶을 선택하다

빅터 프랭클, 『죽음의 수용소에서』

 물기 어린 눈동자로 읽어 나갔다. 『죽음의 수용소에서』는 단순한 기록이 아니었다. 그것은 살아남은 자가 아니라도 반드시 남겨야 했던 '증언'이었다. 누군가는 이 책을 고통의 연대기로, 또 누군가는 인간 존엄의 마지막 흔적을 붙잡은 이야기로 읽는다. 나는 그 두 갈래의 독서 사이에서 오래 머물렀다. 프랭클은 정신과 의사이기 이전에 한 명의 인간이었고, 그의 문장은 병리학적 용어가 아닌 절망 속에서 발견한 희망의 메모였다.

 그는 가스실 앞에서도 사람들이 끝내 품었던 믿음을 적어

냈다. "나는 아닐지도 모른다." 언뜻 어리석은 자기기만처럼 보이지만, 그 집착이 그들을 살아 있게 했다. 죽음이 너무 가까울수록 인간은 오히려 그 죽음을 유예하고 싶어 한다. 그 짧은 유예의 순간에 삶은 다시 빛난다. 절망은 단순한 어둠이 아니라, 인간을 오늘로 끌어내는 시간의 장치였다.

수용소에서 인간은 이름 대신 번호로 불렸다. 죽은 자는 통계로 기록되었고, 살아 있는 자 또한 기능과 숫자로 분류되었다. 그러나 그 비인간화의 현장 속에서도 누군가는 옆사람의 손을 잡았고, 눈보라 속에서 동료의 몸을 덮었다. 그 작은 몸짓이야말로 인간이 마지막까지 포기하지 않은 존엄의 언어였다.

빅터 프랭클은 『죽음의 수용소에서』에서 이렇게 썼다.

모든 것은 인간에게서 빼앗을 수 있다. 단 하나를 제외하고—어떤 상황에서도 자신의 태도를 선택할 수 있는 마지막 자유를.

그에게 인간의 의미는 거대한 이념이 아니라, 가장 절망적인 순간에도 "나는 어떤 사람이 될 것인가"를 선택하는 행위에서 드러났다. 프랭클은 또 이렇게 말한다.

인간은 단순히 존재하는 것이 아니라, 늘 자신의 존재가 무엇이 될지를 결정한다.

고통이 삶을 짓누르는 순간에도 인간이 삶을 '선택'할 수 있다는 사실은 스피노자의 문장—"인간은 죽음을 위해 태어난 존재가 아니라, 삶을 위해 태어난 존재이다"라는 사유와 겹쳐 새로운 울림을 만든다.

삶을 떠받치는 것은 거대한 서사가 아니라 작은 이유였다. 수용소에서는 빵 한 조각, 따뜻한 물 한 컵이 기적이었다. 프랭클은 고통을 기체에 비유했다. 작은 방을 채운 한 줌의 가스도 숨을 막듯, 인간의 영혼을 짓누르는 고통은 양이 아니라 밀도의 문제였다. 그러나 작은 빛 하나가 그 전체를 달리 보이게도 한다. 삶은 거대한 의미가 아니라, 아주 사소한 무언가가 우리를 다시 일으키는 방식으로 다가온다.

이 구절을 읽을 때마다 나는 일본 작가 무라카미 하루키가 한 말이 떠오른다. 그는 어느 인터뷰에서 "아침 공기 속에서 피어오르는 커피 향은 밤과 낮을 가르는 냄새죠"라고 말했다. 거창한 사명이나 위대한 목표가 아니라, 문득 몸을 일으키게 하는 작은 향기, 사소한 감각이 삶을 다시 시작하게 만드는 힘이라는 뜻이었다. 하루키에게 생을 지탱하는 것은 진리나 정의 같은 거대한 명제가 아니라, 매일 반복되는 아주 작은 온기였다. 커피 한 잔의 향, 집 안을 스치는 바람, 책장을 넘기는 손끝 같은 사소한 감각들이 그에게는 '살아 있음'을 확인하는 증거였다.

비슷한 이야기를 넬슨 만델라도 남겼다. 그는 『자유를 향한 머나먼 길』에서 이렇게 썼다. "자유의 길에는 쉬운 길이 없다. 우리는 그 정상에 이르기까지 죽음의 그늘을 여러 번 지나야 한다." 그가 감옥에서 버틸 수 있었던 힘은 거창한 신념이 아니었다. 좁은 창으로 들어오던 빛, 아침마다 반복한 짧은 운동, 동료와 주고받던 몇 마디의 대화—그 일상의 작은 루틴들이 그를 인간으로 붙잡아 두었다. 그는 또 말했다. "자유란 단지 사슬에서 벗어나는 것이 아니라, 다른 이들의 자유를 더 밝게 하는 방식으로 사는 것이다." 결국 삶을 지탱하는 것은 위대한 순간이 아니라, 매일의 작은 선택과 보잘것없는 일상의 빛이라는 사실을 그는 온몸으로 증명했다.

삶은 결국 이런 작고 조용한 이유들로 버텨진다. 고통이 우리를 짓누를 때, 인간을 일으키는 것은 구원의 이념이 아니라 아주 작고 구체적인 무언가다. 그 작은 이유들이 우리로 하여금 다시 오늘을 살아 내게 한다.

프랭클은 절망 속에서도 한 가지를 놓지 않았다. 죽음 앞에서도 인간은 여전히 '태도'를 선택할 수 있다는 믿음이었다. 그는 노동의 도구로 소모되는 대신, 의사로서 다른 수감자를 돌보는 일에 자신의 의미를 찾았다. 그것은 생존을 위한 전략이 아니라, 존재의 마지막 존엄을 지키는 방식에 가까웠다. 철학자 한스 요나스가 말한 '책임 윤리'―타인의 삶에 대해 끝까지 책임을 지려는 태도―와 맞닿아 있는 대목이었다.

삶은 언제나 끝을 향해 흐른다. 프랭클은 말했다. "영화의 마지막 장면이 나오기 전까지는 전체의 의미를 알 수 없다." 개별적인 고통은 파편처럼 흩어져 있지만, 죽음에 다다라야 비로소 한 편의 서사가 완성된다. 그렇다면 지금의 나는 어떤 장면을 쓰고 있는가. 폴 리쾨르는 '기억과 망각'을 다루며 삶을 단선이 아닌 '서사적 정체성'이라 불렀다. 나를 구성하는 수많은 기억과 망각의 선택들이 결국 한 장의 필름이 되어, 마지막 순간 의미를 맺는다.

동양의 사유에서도 삶과 죽음을 바라보는 시선은 언제나 '변화'와 '흐름' 위에 놓여 있었다. 장자는 삶과 죽음을 서로 단절된 두 극단으로 보지 않았다. 여러 연구에서 언급되듯, 그는 이를 "밤과 낮이 서로 바뀌어 흐르는 것"에 비유했다. 생과 사는 끊어짐이 아니라, 하나의 흐름 속에서 자연스럽게 이어지는 전환이었다. 이 관점에서 죽음은 종말이 아니라 변화이며, 존재가 다른 형태로 다시 나아가는 순간이다.

법정 스님의 사유도 이와 닮아 있다. 그는 죽음을 두려움으로 받아들이지 않고, 존재가 다른 자리로 옮겨 가는 과정으로 이해했다. 그의 글 곳곳에는 "삶은 머무름이 아니라 흐름"이라는 불교적 통찰이 스며 있다. 죽음은 사라짐이 아니라 비움과 이어짐의 방식으로 우리 곁에 남는 일이다. 관계의 흔적으로, 사랑의 기억으로, 마음속에서 천천히 타오르는 잔불로 남는다. 나무가 낙엽을 떨궈야 새싹이 돋듯, 생의 유한함은 다음 생을 위한 자리를 마련하는 과정이라 그는 보았다.

얼마 전, 병원 창가에 기대어 석양을 바라보던 한 노인의 얼굴을 본 적이 있다. 빛은 사라지는 듯했지만, 동시에 하루의 진실을 가장 또렷하게 드러내는 시간이기도 했다. 그 얼굴에는 체념이 아니라 묵직한 평화가 있었다. 삶과 죽음의 경계는 그렇게 고요하게 흐르며, 존재의 또 다른 얼굴을 드러낸다.

삶을 마무리하는 순간, 인간은 두 얼굴을 드러낸다. 무너지는 얼굴, 그리고 끝내 인간다움을 포기하지 않는 얼굴. 프랭클은 후자를 선택했다. 그는 살아남은 자라기보다, 끝내 인간으로 남은 자였다. 마르크 로스코가 붉고 검은 캔버스 위에 그려 낸 빛의 경계처럼, 죽음은 끝이 아니라 다른 세계로 스며드는 문이었다.

나는 매일 묻는다. "나의 삶은 지금 누구의 이름으로 쓰이고 있는가?" "내 선택은 어떤 장면을 남기고 있는가?" 죽음은 우리를 침묵시키는 것이 아니라, 오히려 더 절실하게 말하게 만든다. 신영복이 말했듯, 삶은 '처음처럼' 다시 시작할 수 있는 연습이다. 그렇다면 매일의 죽음은 곧 매일의 시작이 된다. 프랭클은 그것을 수용소에서 증언했고, 나는 오늘의 삶에서 다시 배운다.

 죽음은 끝이 아니다. 죽음은 질문이다. 그리고 그 질문에 응답하는 방식이 곧 우리의 삶이다.

; 존재의 해체와 침묵

한강, 『채식주의자』

죽음은 꼭 임종의 순간을 목격하는 일만을 뜻하지 않는다. 누군가는 살아 있는 동안에도 아주 천천히 죽음을 향해 나아간다. 그것은 자살처럼 극적인 행위가 아니라, 일상의 결 속에서 자신을 조금씩 지워 가는 조용한 선택일 수도 있다.

한강의 『채식주의자』는 바로 그런 '살아 있는 죽음'을 탐구한 소설이다. 주인공 영혜는 어느 날 이유 없이 고기를 끊는다. 단순한 식습관의 변화처럼 보이지만, 그것은 인간 사회가 공유하는 폭력과 욕망의 질서를 거부하는 선언이었다. 그러나 가족과 사회는 그 거부를 이해하지 못한다. 남편은 그녀를 비정상으로 몰아붙이고, 아버지는 폭력으로 복종을 강요하며, 결국 가족은 그녀를 정신병원에 가둔다. 영혜의 몸은 점점 소진되고, 언어는 침묵으로 변한다. 먹는 행위를 멈춘다는 것은 단순한 절식이 아니라, 인간으로서의 존재 조건 자체를 거부하는 일이다. 그녀의 "나는 나무가 되고 싶어요"라는 말은 소멸의 선언이 아니라, 세상의 폭력으로부터 벗어나고자 하는 마지막 탈주였다.

영혜의 채식은 단순한 금육이 아니라 '사회적 죽음'의 시작이었다. 그녀의 몸은 언어와 관계를 잃어 가며 점점 인간 사회의 바깥으로 미끄러진다. 한강은 이 과정을 통해 '정상'이라는 이름으로 포장된 폭력의 구조를 드러낸다. 여성에게 부여된 역할, 가족이 강요하는 순응, 타인의 욕망에 복속된 몸―그 모든 것에서 벗어나기 위해 영혜는 스스로를 해체하는 길을 택한다. 그 파괴는 자멸이 아니라 저항이었다.

이 작품을 읽으며 나는 이탈리아 언론인 티치아노 테르차니를 떠올렸다. 그는 암 진단 이후 표준 치료를 중단하고 아시아 곳곳을 여행하며 명상과 대체요법, 은둔의 삶을 실험했다. 히말라야와 인도의 아쉬람에서 머물렀고, 말년에는 토스

카나 산골 오르시냐로 돌아가 남은 시간을 조용히 정리했다. 그는 이 여정을 본인의 저서에 기록했다. 고통을 없애려는 싸움이 아니라, 고통을 어떻게 살아 낼 것인가를 사유한 삶이었다. 그의 여정은 죽음으로의 도피가 아니라, 끝까지 자신으로 존재하려는 결심이었다. 나는 그 태도 속에서 『채식주의자』의 영혜를 다시 본다. 죽음을 향한 길은 반드시 파괴로만 나아가지 않는다. 때로 그것은 세계의 폭력적 질서에서 물러나, 자기 존재를 지키기 위한 가장 극단의 윤리적 거부가 된다.

『채식주의자』의 세계는 잔혹하지만, 그 중심에는 묘한 고요가 있다. 영혜는 세상으로부터 버려지고 스스로를 비워 내면서 오히려 어떤 순수함에 닿는다. "나무가 되고 싶다"는 말은 죽음을 향한 선언이자, 더 이상 폭력의 주체도 객체도 되지 않으려는 인간의 마지막 기도였다. 그 기도 속에는 불교적 의미의 '무(無)'가 있다. 무는 소멸이 아니라, 모든 존재가 하나로 돌아가는 자리다. 영혜는 바로 그 자리로 천천히, 그러나 확실히 걸어간다.

그녀의 침묵은 단순한 자기 파괴가 아니라, 세상의 질서에 대한 윤리적 저항이다. 침묵 속에서도 존엄을 지키려는 몸, 관계의 단절 속에서도 타인의 폭력에 굴하지 않는 의지—그것이 한강이 보여 준 '존재의 윤리'다.

 죽음은 언제나 침묵의 형태로 다가온다. 그러나 그 침묵 속에는 저항이 있고, 그 저항 속에는 여전히 살아 있는 생의 숨결이 있다. 『채식주의자』의 마지막 장면에서 영혜는 하늘을 바라본다. 그녀의 몸은 무너졌지만, 시선은 가볍고 자유롭다. 그것은 죽음의 얼굴을 한 자유였다. 죽음을 공부한다는 것은 곧 인간의 자유를 배우는 일이다. 존재를 낮추고 침묵 속으로 걸어가는 자들—영혜처럼, 거부와 소거를 택한 이들은 어쩌면 가장 큰 자유를 향해 나아가는 이들이다.

 한강은 여러 인터뷰에서 "영혜의 채식은 결백해지려는 몸의 기억이었다"고 말했다. "육식은 폭력을 행사하는 행위이며, 영혜는 그 폭력성을 거부하고 결백하고자 했다."(경향신문, 2024.10.19.) 또한 2016년 Literary Hub 인터뷰에서 그녀는 『채식주의자』를 두고 "이 작품은 인간의 폭력성과 무죄성의 가능성과 불가능성을 동시에 질문하는 소설"이라고 밝혔다. 이 말은 영혜의 침묵이 단순한 병리적 현상이 아니라,

인간 본성 속에 내재한 폭력에 대한 윤리적 응답임을 보여준다. 한강에게 영혜의 '거부'는 세상의 폭력에 맞서는 또 다른 언어이며, 육체를 희생함으로써 세계의 잔혹함을 드러내는 침묵의 윤리였다.

죽음이 삶의 종말이 아니라 자유의 시작이라면, 영혜의 침묵 또한 삶을 떠난 것이 아니라 삶을 새로 쓴 행위였다. 우리는 그녀의 고요한 몸짓 속에서 묻는다. "나는 무엇을 거부하며, 어떤 자유를 향해 가고 있는가?"

죽음은 끝이 아니라 질문이다. 그리고 그 질문에 어떻게 응답하느냐가 곧 우리의 삶이다.

인간에서 벌레로, 죽음으로

프란츠 카프카, 『변신』

프란츠 카프카의 작품은 죽음을 직접적으로 말하지 않는다. 그러나 그의 문장들 사이에는 이미 살아 있는 죽음의 냄새가 스며 있다. 『변신』의 그레고르 잠자가 하루아침에 벌레로 변하는 순간, 그는 사회와 가족으로부터 동시에 추방된다. 출근을 재촉하는 회사 관리자가 방문 너머에서 소리칠 때, 그는 이미 사회적으로 사망 선고를 받은 것이나 다름없었다. 그에게 문은 더 이상 세상으로 통하는 길이 아니라, 단절의 상징이었다.

이후의 서사는 고립의 심화를 그린다. 아버지가 분노에 차

사과를 던져 그의 몸을 상처 입히는 장면은 소통이 폭력으로 변하는 순간이다. 더 이상 언어로 이해되지 않는 존재에게 남는 것은 상처와 낙인뿐이다. 그러나 아이러니하게도 그의 인간성은 가장 비참한 순간에 드러난다. 여동생의 바이올린 소리에 반응하며 방을 나온 그는 여전히 감각하는 인간이었다. 하지만 가족은 그 마지막 호소마저 불결한 위협으로 간주하고, 결국 그는 장례도, 애도도 없이 죽음을 맞는다. 기록되지 않은 죽음, 기억되지 않는 존재.

고립의 서사는 「단식 광대」에서 더욱 선명해진다. 단식으로 자신의 존재와 예술을 증명하던 인물은 시간이 흐르며 대중의 관심이 식자 서커스 철창 한켠에 방치된다. 그는 마지막에 "먹고 싶은 음식을 찾지 못했기 때문"이었다고 담담히 고백한 뒤 쓸쓸히 생을 마감한다. 그러나 그 죽음은 누구에게도 애도되지 못한 채 구경거리로 소모되고, 곧바로 그 자리는 관객을 다시 열광시키는 표범이 차지한다.

『변신』의 방 안과 「단식 예술가」의 우리(檻) 속에서 카프카는 관심이 끊긴 자리에서 인간성과 예술이 얼마나 손쉽게 소거되는지를 보여 준다. 사회적 시선이 철회되는 순간, 인간은 표식과 기록에서 탈락하고, 남는 것은 교체 가능한 흥행의 장치뿐이다. 이것이 카프카가 그려 낸 고립의 문법이며, 애도되지 못한 죽음의 풍경이다.

『심판』 속 요제프 K의 결말은 또 다른 울림을 남긴다. 이유조차 알 수 없는 재판 끝에 그는 돌무더기 위에서 두 남자에게 끌려가 처형당한다. "개처럼 죽었다"라는 마지막 문장은 법과 권력의 언어가 개인의 존재를 완전히 지워 버리는 순간을 보여 준다. 변신한 벌레, 단식하는 예술가, 재판에 휘말린 남자—서로 다른 얼굴을 하고 있지만, 그들은 모두 사회의 인정과 애도의 가능성을 잃은 자들이다. 카프카는 이 과정을 죽음의 은유로 끝까지 밀어붙인다.

나는 루치아노 파바로티를 떠올린다. 세계적인 테너였던 그는 2006년 췌장암 진단을 받은 뒤 음악 활동을 중단할 수밖에 없었다. 진단 직전까지 그는 2006년 토리노 동계올림픽 개막식 무대에 올랐고, 그 공연이 결과적으로 그의 마지막 공식 무대가 되었다. 병세가 악화되자 그는 더 이상 무대에 설 수 없었고, 2007년 9월 모데나의 자택에서 조용히 생을 마감했다.

그가 회복을 위해 노력하던 기간 동안 무대는 멀어졌지만, 음악만은 끝까지 그의 세계에서 사라지지 않았다. 그는 투병 중에도 가족과 가까운 사람들의 곁에서 시간을 보냈고, 의료진과 함께 치료를 이어 가며 남은 삶을 정리했다. 비록 공식적인 활동은 중단되었지만, 그는 생의 마지막 순간까지 '가수 파바로티'로 기억되는 존재로 남아 있었다.

거대한 공연장은 떠났지만, 그의 음악은 계속 울리고 있었다. 모데나에서는 그가 세상을 떠난 뒤 지역 사회와 팬들이 헌화를 올렸고, 세계 여러 도시에서 추모 공연이 열렸다. 삶의 후반부에서 그는 더 이상 스포트라이트를 받지 않았지만, 그를 기억하는 사람들의 마음 속에서 그의 목소리와 존재는 여전히 살아 있었다. 『변신』의 그레고르가 음악에 반응하던 순간처럼, 파바로티는 침묵 속에서도 끝내 노래하는 존재였다.

카프카의 세계에서 죽음은 단순한 종말이 아니다. 그것은 이미 고립 속에서 시작되는 서서한 소멸이며, 사회적 무관심과 제도적 폭력 속에서 이루어지는 '살아 있는 죽음'이다. 『변신』,「단식 예술가」,『심판』은 모두 같은 질문을 던진다. 타자의 언어가 끊긴 자리에서, 애도되지 못한 존재 앞에서, 우리는 어떻게 응답할 것인가.

죽음을 공부한다는 것은 결국, 고립 속에서 잔존하는 마지막 인간성을 알아보는 법을 배우는 일이다. 음악에 귀 기울이는 벌레, 무대 위에서 굶어 가는 예술가, 돌무더기 위에 선 피고인—그들은 모두 다른 얼굴로 우리 앞에 나타난다. 그러나 그들의 침묵과 고립은 같은 요청을 건넨다. 끝까지 보아 달라고, 끝까지 기억해 달라고.

가디언의 한 기사에서는 카프카의 유고를 다루며, 그의 기록과 작품이 "개인의 불안과 고립"뿐 아니라 "근대 사회가 인간을 익명화하고 소거하는 방식"을 드러낸다고 평가했다. 카프카가 반복적으로 묘사한 익명성, 관료적 억압, 설명되지 않는 처벌의 구조는 단지 한 개인의 위기가 아니라, 사회 전체의 구조적 문제를 비추는 '거울'이라는 것이다. 이 관점은 카프카의 세계가 단순한 상징이나 우화가 아니라, 지금 우리의 현실에서도 반복되는 '비가시적 소멸'의 감각을 선명하게 포착하고 있음을 보여 준다.

결국 죽음을 공부한다는 것은 우리 시대의 침묵 속에서 사라져 가는 존재들을 다시 호출하는 일이다. 죽음은 끝이 아니다. 그것은 우리가 얼마나 깊이 타인을 바라볼 수 있는가를 묻는 마지막 질문이다. 카프카의 고립된 인물들이 남긴 침묵의 잔향은 여전히 우리에게 말한다. "보라, 아직 인간은 사라지지 않았다."

;   절망을 넘어
     삶으로

도스토예프스키, 『죄와 벌』

    도스토예프스키의 『죄와 벌』은 제목처럼 인간이 저지른 죄와 그에 따른 응보를 다루지만, 더 깊이 들어가면 죽음을 공부하는 소설이다. 주인공 라스콜니코프는 "특별한 인간은 타인의 목숨을 넘어설 권리가 있다"는 위험한 사상에 매혹되어 전당포 노파를 살해한다. 그러나 그가 맞닥뜨린 것은 자유가 아니라 죽음의 그림자였다. 죄책감은 그의 어깨를 짓누르고, 그는 살아 있으나 이미 고립된 자, 곧 '살아 있는 죽음'을 살아가기 시작한다.

    범행 직후 그는 자신을 설득한다. 인류의 진보를 위해 비천한 인간 하나쯤 제거한 것이라며. 하지만 거리의 시선 하나, 무심한 말 한 줄도 모두 자신을 향한 의심처럼 느껴졌다. 체포되지 않았는데도 그는 이미 내면에서 사형을 선고받은 죄인처럼 숨을 몰아쉬었다. 그의 열병은 단순한 병이 아니라 죄책이 몸으로 스며든 증상이었다.

마르멜라도프의 죽음은 그 주제를 더욱 깊게 비춘다. 알코올 중독으로 몰락한 전직 관리였던 그는 마차에 치여 길 위에서 피를 토하며 죽음을 맞는다. 군중은 혐오와 연민 사이를 오가지만, 그의 곁에 남은 이는 가족과 라스콜니코프뿐이었다. "나 같은 자라도 불쌍히 여겨 달라." 마지막 순간의 이 절규는 라스콜니코프의 마음에 균열을 남긴다. 타인의 죽음을 목격한 순간, 그는 처음으로 자신의 살인을 정면으로 바라본다.

라스콜니코프의 추락은 외부의 수사가 아니라 내부의 붕괴로 이어진다. 열병과 환청, 고독이 그를 잠식하며 그는 더 이상 살아 있는 인간이라기보다 스스로 파묻은 죄책의 무덤 속을 떠도는 유령이 된다. 죽음은 아직 오지 않았지만, 그의 정신은 이미 죽음을 앞당겨 살고 있었다.

그를 구원으로 이끄는 것은 소냐였다. 가난 속에서 가족을 부양하기 위해 몸을 팔던 그녀는 세상에서 가장 약한 자처럼 보였지만, 오히려 가장 강한 내면의 빛을 품은 인물이었다. 절망 속에 무너진 라스콜니코프 앞에서 그녀는 조용히 성경을 펴서 라자로의 부활 이야기를 읽어 준다. "나는 부활이요 생명이니, 나를 믿는 자는 죽어도 살겠고." (요한복음 11장 25절) 그 구절은 죄의 어둠 속에서도 꺼지지 않는 희망의 불씨였다. 그는 여전히 살인자였지만, 속죄를 통해 다시 태어날 수 있다는 가능성을 처음으로 느낀다.

결국 그는 고백을 선택한다. 한밤중 광장에서 땅에 엎드려 입 맞추며, 자신이 인간의 생명을 짓밟았음을 스스로 토로한다. 그 순간, 그는 죽음을 받아들이며 동시에 삶을 다시 선택한다. 시베리아 유형소로 끌려간 후에도 그는 소냐의 헌신을 통해 천천히 변한다. 육체는 감금되었지만, 그의 영혼은 비로소 자유를 배워 간다. 죽음은 종말이 아니라 속죄를 통해 건너가는 문턱이었다.

그 장면은 넬슨 만델라의 삶과도 겹쳐진다. 그는 27년의 수감 생활 동안 가족의 장례조차 지킬 수 없는 고립과 상실을 견뎌 냈다. 폐결핵으로 쓰러지기도 했지만, 그는 끝내 증오를 선택하지 않았다. 만델라는 출옥하던 날 스스로에게 깊은 깨달음을 남겼다. "자유로 향한 문을 향해 걸어가며 나는 알았다. 만약 내 안의 분노와 증오를 놓고 가지 않는다면, 나는 여전히 감옥에 머물게 될 것이라는 사실을."

이 말은 단순한 신념이 아니라, 그가 실제로 감옥에서 길어 올린 자유의 본질이었다. 문이 열렸다고 해서 바로 자유가 아니라, 마음속의 미움을 내려놓을 때 비로소 도달할 수 있는 상태라는 것이다. 그 역설은 『죄와 벌』의 라스콜니코프가 죄의 어둠을 통과해 마지막에 도달한 자각과 닿아 있다. 죽음의 그림자를 정면으로 바라본 자만이 다시 살아야 할 이유를 찾듯, 만델라는 고통의 시간 속에서 인간이 어떤 존재로 살아갈 것인가를 스스로 선택했다.

그 선택은 끝내 그를 구원했고, 남은 세계를 향한 그의 발걸음을 다시 밝게 만들었다.

만델라의 노년은 도스토예프스키의 소냐처럼, 절망 속에서도 꺼지지 않는 신념의 형상이었다. 병상에서도 그는 "나는 아직도 사랑이 세상을 바꾼다고 믿는다"고 말했다. (CNN, 2011) 그의 육신은 쇠약했지만, 그 믿음은 시베리아의 라스콜니코프처럼 부활의 빛을 품고 있었다.

도스토예프스키는 인간의 죄를 단순한 도덕의 문제가 아니라, 죽음을 통과해야만 얻을 수 있는 실존의 사건으로 그렸다. 라스콜니코프가 범죄를 통해 경험한 것은 타인의 죽음이 아니라 자신의 붕괴였다. 그러나 그 붕괴의 끝에서 그는 깨닫는다. 인간은 타자와의 관계 속에서만 다시 살아날 수 있다는 것을. 마틴 루터 킹 주니어는 이렇게 말했다. "어둠은 어둠을 몰아낼 수 없고, 미움은 미움을 몰아낼 수 없다. 오직 사랑만이 그것을 할 수 있다." 그 사랑이야말로 죽음의 문턱에서 인간을 다시 살게 하는 힘이다.

죽음을 공부한다는 것은 결국 죄책과 고립의 어둠을 정면으로 바라보는 일이다. 그리고 그 어둠 속에서도 여전히 타자와 연결될 수 있는 길을 찾는 일이다. 우리가 진정 두려워해야 할 것은 죽음 그 자체가 아니라, 의미와 관계를 잃은 채 살아가는 '살아 있는 죽음'이다. 『죄와 벌』은 그 두려움을 응시하며, 인간이 다시 삶으로 건너가는 길을 보여 준다. 죽음은 끝이 아니다. 그것은 우리에게 남겨진 마지막 기회, 다시 인간으로 돌아갈 수 있는 문이다.

; Carpe Diem

영화 〈죽은 시인의 사회〉

죽음을 공부한다는 일은 늘 늦게 시작된다고 생각하기 쉽다. 그러나 피터 위어 감독의 영화 〈죽은 시인의 사회〉(1989)는 그 생각을 무너뜨린다. 죽음은 노년의 것이 아니라, 청춘의 한복판에도 도착할 수 있다는 사실을 우리는 닐 페리의 선택을 통해 목격한다. 그의 죽음은 한 개인의 비극이 아니라, 공동체 전체의 영혼을 뒤흔드는 사건이었다.

웰튼 아카데미는 전통, 명예, 규율, 탁월이라는 네 단어를 교훈으로 내건 학교였다. 그 표어는 마치 무거운 벽처럼 학생들의 삶을 둘러싸고 있었다. 학생들은 명문대 입학을 목표로 철저히 통제된 삶을 살았고, 부모들은 자식이 정해진 궤도를 벗어나지 않기를 바랐다. 닐의 아버지는 그 전형이었다. 그는 아들이 의사가 되기를 원했고, 연극 무대에 서고 싶다는 닐의 열망은 허용할 수 없는 일탈이었다. 그 억압된 공기 속에 한 사람의 교사가 들어왔다. 키팅 선생이었다.

키팅은 교실 책상 위에 올라서서 말했다. "세상을 다르게 보려면 시선을 바꿔야 한다." 그는 학생들에게 교과서의 권위적인 문장을 찢어 버리라 요구하며, 시는 분석의 대상이 아니라 오늘을 살아 있게 만드는 언어라고 가르쳤다. "카르페 디엠, 오늘을 붙잡아라." 그의 한마디는 학생들의 마음속에 불씨처럼 번졌다. 닐과 친구들은 그 말에 이끌려 과거 학교 밖의 동굴에서 비밀리에 열렸던 모임 '죽은 시인의 사회'를 부활시킨다. 그곳에서 그들은 시를 낭송하고, 억눌린 감정을 해방하며, 자신에게 물었다. "나는 진짜 무엇을 원하는가?"

닐은 연극 무대에서 처음으로 진정한 자유를 느낀다. 셰익스피어의 『한여름 밤의 꿈』 속 퍽으로 분한 그는 관객의 박수 속에서 비로소 살아 있음을 체험한다. 그러나 무대 밖 현실은 냉혹했다. 공연이 끝나자 아버지는 그를 기다리고 있었고, 분노에 찬 눈빛으로 아들의 꿈을 단호히 짓밟았다. 닐은 더 이상 자신의 열망과 아버지의 기대를 조율할 길이 없었다. 그날 밤, 그는 서재에 있던 아버지의 권총을 들어 생을 마감한다. 짧지만 격렬했던 청춘의 끝이었다.

닐의 죽음은 웰튼 아카데미의 교실을 흔들었다. 학교는 사건의 책임을 키팅에게 돌렸고, 학생들은 거짓 진술서를 강요받았다. 그러나 마지막 순간, 키팅이 교실을 떠나던 그때, 학생들은 책상 위에 올라 그를 향해 외쳤다. "O Captain, my Captain!" 월트 휘트먼의 시처럼, 그것은 스승과 제자 사이의 마지막 인사이자, 죽음의 자리에서 다시 태어난 삶의 선언이었다.

세네카는 "삶은 본래 짧지 않다. 우리가 그것을 낭비하기 때문에 짧아지는 것이다"(『인생의 짧음에 대하여』)라고 말했다. 닐의 죽음은 이 말의 역설적 증거였다. 그는 꿈꾸었지만, 그 꿈을 지키기 위해 삶을 포기해야 했다. 아이러니하게도 그의 부재는 남은 자들에게 삶을 낭비하지 않겠다는 다짐을 남겼다. 닐의 부재는 친구들에게 철학의 첫 교실이었다. 죽음을 마주한 그들은 비로소 어떻게 살아야 할지를 묻기 시작했다.

이 장면을 나는 스티브 잡스의 마지막 연설과 겹쳐 본다. 그는 스탠퍼드 대학 졸업식에서 이렇게 말했다. "죽음은 아마 인생이 발명한 최고의 발명품일 것이다. 그것은 삶의 변화를 위한 촉매다." 그는 자신의 병을 숨기지 않았고, 남은 시간을 사랑과 정리의 시간으로 삼았다. 동료를 격려하고, 가족과 마지막 시간을 함께하며 삶의 이야기를 나누었다. 닐의 죽음이 친구들에게 각성을 남겼듯, 잡스의 죽음은 수많은 사람들에게 '오늘을 붙잡으라'는 철학으로 남았다. 그의 부재는 오히려 전 세계 청춘의 마음에 생의 감각을 되살렸다.

여행 작가 브루스 채트윈 역시 삶과 죽음의 경계에서 관계를 놓지 않았다. 에이즈 진단을 받고서도 그는 병이 깊어지기 전까지 친구와 동료를 찾아다니며 관계를 이어 갔다. 그에게 걷는 일은 곧 자신을 다시 발견하는 방식이었다. 죽음을 피하지 않고 그 안에서 자신과 타인을 잇는 '이동의 철학'을 완성한 그는, 죽음을 종착점이 아닌 마지막 여정으로 받아들였다. 닐의 친구들이 책상 위에서 외친 "오 캡틴, 마이 캡틴!"이 닐을 다시 불러냈듯, 채트윈의 발자국은 그가 떠난 뒤에도 누군가의 여행을 시작하게 했다.

죽음은 관계를 끊는 것이 아니라, 오히려 그 관계를 가장 선명히 드러내는 순간이다. 누군가의 마지막 말, 마지막 시선, 마지막 손길은 결코 사라지지 않는다. 잡스의 연설이 여전히 젊은 세대의 좌우명으로 남듯, 채트윈의 여행은 누군가의 출발점이 된다. 죽음을 공부한다는 것은 끝난 관계 속에서도 여전히 살아 있는 연결을 발견하는 일이다. 닐의 죽음이 친구들의 각성을 일으켰듯, 위대한 삶들은 언제나 죽음 이후에도 누군가의 삶을 계속 움직인다.

〈죽은 시인의 사회〉는 단순히 청춘의 비극을 보여 주는 영화가 아니다. 그것은 우리에게 삶을 묻는 영화다. 닐의 죽음은 소멸이 아니라, 남겨진 자들의 의식 속에서 다시 타오른 불씨였다. 죽음을 공부한다는 것은 결국 이렇게 묻는 일이다. "나는 오늘을 붙잡고 있는가?" 이 질문이야말로 닐이, 그리고 잡스와 채트윈이 우리에게 남긴 가장 큰 유산이다.

죽음을 춤추듯

니코스 카잔차키스, 『그리스인 조르바』

　니코스 카잔차키스의 『그리스인 조르바』는 "어떻게 살아야 하는가"라는 근원적 물음을 소설 전체로 던진다. 조르바는 삶을 향한 욕망이 끝까지 타오르는 인물이고, 그의 곁에 선 '나'는 책 속에서만 존재를 이해하려는 사색가다. 두 사람의 대비는 결국 죽음을 어떻게 받아들이는가의 차이로 드러난다.

　조르바는 행동과 열정을 삶의 중심에 두는 인물로, 순간을 온몸으로 살아 내려는 태도를 지닌다. 그는 삶을 있는 그대로 받아들이며, 기쁨과 슬픔이 닥칠 때마다 춤과 노래로 자신의 감정을 표현한다. 소설에서 조르바의 춤은 그가 삶을 대하는 방식의 상징으로 제시된다. 그는 "사람은 조금 정도의 광기가 필요하다"라고 말하며, 자유롭고 충동적인 삶의 태도를 드러낸다.

'나'는 책과 사유에 익숙한 사람이다. 그는 삶을 이해할 때 언제나 먼저 문장과 개념을 떠올리고, 그 언어 안에서 세상을 정리하려 한다. 조르바가 순간의 감정과 충동을 몸으로 드러낸다면, '나'는 한 걸음 멈춰 서서 의미를 생각하는 편에 가깝다. 두 사람의 대비는 소설 곳곳에서 삶을 받아들이는 태도의 차이로 드러나며, 이 차이는 존재를 바라보는 서로 다른 온도로 남는다.

나는 이 두 태도를 오드리 헵번의 마지막 행보와 겹쳐 본다. 헵번은 대장암 투병 중에도 유니세프 친선대사로서 전쟁과 기근의 현장을 찾아다녔다. 1992년, 병세가 악화된 상태에서도 그녀는 소말리아 난민촌을 방문했다. 폭염 속에서 마른 아이들을 품은 그녀의 얼굴은 고통보다 평온에 가까웠다. "삶의 의미는 주는 것이다." 그녀의 이 말은 조르바의 춤과 닮은 생의 고백이었다. 헵번은 고통을 부정하지 않았고,

그 안에서 오히려 삶을 완성시켰다. 기자들은 그 모습을 "죽음 직전까지 품격을 잃지 않은 인간의 아름다움"이라 기록했다.

 그녀의 걸음은 더 이상 영화 속의 우아한 워킹이 아니었다. 그러나 그 느리고 고된 발걸음 하나하나가 조르바의 춤처럼 보였다. 죽음을 미루려는 몸짓이 아니라, 죽음과 함께 걷는 생의 춤이었다. 헵번은 침묵 속에서도 또 다른 자유를 보여 주었다. 그것은 체념이 아니라, 마지막까지 '살아 있는 자'로 남으려는 의지였다. 나는 그녀의 고요한 몸짓 속에서 배운다. 삶의 품격이란 결국, 죽음을 두려워하지 않는 태도라는 것을.

 그리스 철학자 에피쿠로스는 "죽음은 우리와 무관하다. 우리가 있는 동안 죽음은 없고, 죽음이 왔을 때 우리는 이미 없다"고 말했다. (『메노이케우스에게 보내는 편지』) 단순하지만 역설적인 이 문장은 조르바의 태도와 닮아 있다. 그는 죽음을 미리 걱정하지 않는다. 살아 있는 동안은 살아 있을 뿐이다. 그래서 그는 순간을 춤추고, 순간을 노래한다. 죽음을 멀리 미루지 않고, 매 순간의 열정 속에서 이미 '죽음을 사는 법'을 배우는 것이다.

알베르 슈바이처는 "삶을 경외하는 것이 윤리의 출발점이다"라고 했다. 조르바는 그 말을 증명하듯, 삶의 모든 결을 존중하며 살아간다. 그는 땅을 사랑하고, 사람을 사랑하고, 노동을 사랑한다. 먹고, 마시고, 웃고, 일하는 모든 순간을 신성한 행위로 여긴다. 죽음을 피하려 하지 않기 때문에 오히려 삶이 빛난다. 그가 보여 준 윤리는 경전이나 제도의 윤리가 아니라, '살아 있음 그 자체에 대한 감사'였다.

나는 병상에 누워 있던 아버지를 떠올린다. 매일의 주사와 음식 제한 속에서도 아버지는 내일의 죽음을 고민하기보다 오늘의 숨을 붙들었다. 그 끈질김은 두려움이 아니라 경외였다.

한국 시인 김광섭은 시 「저녁에」에서 이렇게 썼다.

저렇게 많은 중에서
별 하나가 나를 내려다본다.
이렇게 많은 사람 중에서

그 별 하나를 쳐다본다.

밤이 깊을수록

별은 밝은 속에 사라지고

나는 어둠 속에 사라진다.

이렇게 정다운

너 하나 나 하나는

어디서 무엇이 되어

다시 만나랴.

김광섭의 시 「저녁에」는 저무는 시간 속에서도 사라지지 않는 시선과 존재의 흔적을 노래한다. "저렇게 많은 별 중에서 별 하나가 나를 내려다본다"는 구절처럼, 저녁은 어둠 속에서도 서로를 비추는 작은 빛을 품고 있다. 스러지는 빛이 아니라, 마지막까지 서로를 바라보는 응시의 순간이다.

조르바의 춤과 헵번의 걸음, 그리고 한 사람의 마지막 호흡 역시 그 별빛과 닮아 있다. 사라지는 대신, 누군가의 기억 속에서 오래 남는 작은 빛. 죽음은 완전한 어둠이 아니라, 저녁 하늘에 남아 있는 하나의 별처럼 다시 이어지는 생의 잔광이 된다.

오늘, 죽음을 곁에 두고 산다는 것

릴케는 이렇게 말했다. "삶의 중심에는 이미 죽음이 깃들어 있다. 그럼에도 우리는 마치 그것이 존재하지 않는 듯, 애써 외면하며 살아간다." 죽음은 외부에서 오는 낯선 손님이 아니라, 삶 속에서 함께 자라는 그림자였다. 죽음이 우리 안에 있다는 사실은 두려움이 아니라, 오히려 삶을 더 정결하게 만든다. 조르바는 그것을 본능적으로 이해했다. 그는 죽음을 삶의 한가운데로 끌어들이며, 지금 이 순간을 전력으로 살아간다. 그의 춤은 결국 삶과 죽음이 둘이 아닌 하나임을 증명한다.

결국, 죽음은 "나는 춤출 수 있을까, 아니면 침묵할 수 있을까"라는 질문이다. 조르바는 춤으로, 헵번은 걸음으로, 아버지는 침묵으로, 나는 글쓰기로 그 질문에 답한다. 살아 있음이란 소리치는 것이 아니라, 끝까지 자기답게 남는 일이다. 누군가는 춤으로, 누군가는 고요로, 또 누군가는 단 한 줄의 문장으로 그것을 완성한다.

결국 죽음은 종말이 아니라 완성의 다른 이름이다. 그것은 우리가 지금 이 순간 어떻게 살고 있는가를 가장 정직하게 비추는 거울이다. 우리는 모두 언젠가 저녁으로 향하지만, 그 저녁의 창마다 켜진 불빛은 서로의 존재를 오래 남게 한다.

;   **오늘을
붙드는 힘**

×

  죽음을 곁에 두고 산다는 것은 단순히 죽음을 의식하며 두려워하는 일이 아니다. 오히려 그것은 삶을 끝까지 붙드는 일, 오늘을 더 깊이 살아 내기 위한 태도다. 언젠가 끝날 것이라는 자명한 사실이 우리를 절망케 하기도 하지만, 그 인식이 바로 오늘이라는 하루를 선물처럼 빛나게 만든다.

  나는 종종 창가에 앉아 저무는 빛을 바라본다. 저녁놀은 늘 비슷하지만 매번 다른 표정으로 하루의 끝을 장식한다. 그 순간 문득 떠오른다. 이 장면을 앞으로 몇 번이나 더 볼 수 있을까? 그 질문은 두려움이 아니라 다짐으로 바뀐다. 주어진 하루를 흘려보내지 않겠다는 다짐, 그리고 그 하루를 진심으로 살아 내려는 의지로.

스피노자는 말했다. "자유로운 인간은 죽음을 가장 적게 생각하며, 그의 지혜는 죽음이 아니라 삶에 대한 묵상이다."(『윤리학』, 제4부) 이 말은 역설적으로, 죽음을 의식할 때 비로소 오늘의 삶이 또렷해진다는 뜻을 품고 있다. 죽음을 외면하거나 망각하는 것이 아니라, 그것을 삶의 뒤편에 조용히 놓아두었을 때 하루의 모든 장면이 선명해진다.

어느 날 오랜만에 친구에게 전화를 걸었다. 별것 아닌 안부였지만, 통화의 끝에서 무심코 "이런 이야기를 너랑 할 수 있어서 고맙다"는 말이 흘러나왔다. 잠시 침묵이 흐른 뒤, 친구는 조용히 말했다. "요즘 힘들었는데, 네 말에 눈물이 난다." 그날 이후 나는 깨달았다. 아무리 사소한 마음이라도 지금 전해야 한다는 것을. 오늘을 붙든다는 것은 내일로 미루지 않는 삶이다. 사랑한다는 말, 고맙다는 인사, 괜찮다는 다독임-그 모든 마음을 지금 여기에서 완성시키는 일이다.

제주에서 살아가는 지금, 나는 종종 오름에 오른다. 멀리 바다가 보이고, 마을의 집들이 점처럼 흩어져 있다. 계절마다 달라지는 벚꽃길과 바람, 그리고 파도 소리는 내 일상의 시계처럼 시간을 새긴다. 오름 정상에서 부는 바람을 맞으며 나는 묻는다. 이 순간을 앞으로 몇 번 더 느낄 수 있을까? 그 질문은 어느새 감사로 바뀐다. 살아 있다는 것, 지금 이곳에 서 있다는 것, 그 자체로 기적처럼 느껴진다.

죽음을 떠올릴 때마다 나는 삶의 무게중심을 다시 세운다. 무엇이 중요한지, 무엇을 버려야 하는지, 무엇에 시간을 써야 하는지가 분명해진다. '오늘이 마지막일 수도 있다'는 의식은 오히려 나를 더 단단하게 붙잡는다.

삶은 거대한 계획이 아니라 작은 오늘들의 연속이다. 오늘을 붙드는 힘은 그 하루를 진심으로 살아 내려는 태도에서 비롯된다. 언젠가 다가올 죽음을 직시할 때, 나는 오히려 삶의 가장 깊은 결을 만진다. 오늘을 붙든다는 것은 죽음을 곁에 두고도 흔들리지 않고 "나는 지금 살고 있다"고 말할 수 있는 용기다.

그 용기야말로 죽음이 우리에게 남겨 준 가장 빛나는 유산이다. 죽음은 삶을 멈추게 하는 것이 아니라, 지금 이 순간을 더욱 선명하게 드러내는 거울이 된다. 언젠가 끝날 것이라는 사실을 안다는 것은, 오늘을 더욱 온전히 살아 내겠다는 다짐이기도 하다. 그래서 나는 두렵지만, 여전히 산다.

오늘이라는 짧은 하루 속에서 사랑하고, 용서하고, 웃고, 때로는 울면서. 그 모든 감정이 모여 하나의 생을 이룬다. 죽음을 곁에 두고 살아간다는 것은 매일의 끝에 감사의 숨을 남기는 일이다. 그리고 그 숨이 모여 언젠가 나의 마지막 날을 빛으로 물들일 것이다.

나는 오늘도 조용히 다짐한다.
"나는 아직 살아 있다."
그 단순한 문장이, 가장 완전한 기도처럼 느껴진다.

* 에필로그 *

살아 있음은
다시 사랑하는 일

  암세포를 절제해 낸 뒤, 한 번의 수술로는 아직 암세포가 남아 있다는 말을 들었다. 다시 차가운 수술대에 누워야 했다. 그렇게 두 번의 수술을 거치고, 여러 차례의 추적 검사까지 이어졌다. 회복된 후의 시간은 생각보다 조용했다. 몸은 느리게 회복되었지만, 마음은 오랫동안 제자리를 찾지 못했다. 깨끗하다는 말을 듣고도 나는 여전히 두려움과 불안을 품고 있었다. 또 언제 재발할지 모른다는 사실에, 삶을 더 충실하게 임할 수밖에 없었다. 암 소식을 들은 지인들은 나에게 "이제 괜찮아?"라고 물었지만, 그 질문에 쉽게 고개를 끄덕일 수 없었다. 계속해서 추적 검사를 받으며 상태를 지켜

봐야 했기 때문이다. 한번 생긴 암세포는 언제든 다시 재발할 가능성이 있었다. 육체의 상처는 아물었지만, 마음은 여전히 '살아 있음'의 의미를 배우는 중이었다.

나는 그 시간을 '다시 배우는 시기'라고 부른다. 죽음과 병이 내게 남긴 건 두려움이 아니라, '느림의 감각'이었다. 예전에는 늘 달리기만 하던 내가 이제는 매일 아침 눈을 뜨면 먼저 숨을 세어 본다. 하나, 둘, 셋―숨을 쉬고 있다는 단순한 사실이 하루를 시작하게 해준다. 커피를 내리는 동안 창문 너머의 하늘을 바라보고, 드라이브를 하며 맡는 풀 냄새와 스치는 바람에 마음이 맑아진다. 이전에는 그냥 지나쳤던 사소한 순간들이 내 안에서 새롭게 피어난다. 그것은 병이 내게 남기고 간 선물이었다.

수술이 끝난 뒤, 마취에서 깨어난 후 처음으로 바깥 공기를 마셨던 날을 아직 기억한다. 그날은 유난히 맑은 날이었다. 햇살이 눈부시게 쏟아졌고, 그 빛이 마치 나를 다시 세상으로 밀어내는 듯했다. 나는 그때 처음으로 '다시 잘 살고 싶다'는 감정을 또렷하게 느꼈다. 몸은 여전히 무겁고 걸음은 느렸지만, 그 느림 속에서 오히려 평온함을 느꼈다. 삶은 그렇게 천천히, 아주 작은 단위로 내게 돌아오고 있었다.

나는 오래도록 완벽을 향해 달려왔다. 언제나 무언가를 증명해야 한다는 강박이 나를 지탱했다. 하지만 이제는 알겠다. 완벽은 인간이 도달해야 할 상태가 아니라, 끝없이 미완으로 남을 용기라는 것을. 죽음을 가까이 두고 살아 보니, 살아 있음의 본질은 '완성'이 아니라 '지속'이었다. 오늘을 다 살지 못할지도 모른다는 사실이, 오히려 오늘을 진심으로 살게 했다. 나는 더 이상 내일을 약속받은 사람으로 살지 않는다. 대신 지금 이 순간, 살아 있는 나로서 존재하려 한다.

그리움은 여전히 내 안에 남아 있다. 어느 날, 아버지의 사진을 꺼내 보았다. 검게 빛나던 머리칼, 두 팔에 안긴 나를 묵묵히 바라보던 눈빛, 그 모든 것이 여전히 나를 지탱하고 있었다. 그리고 동생의 웃음소리가 문득 떠올랐다. 그 아이의 짧았던 생이 내 안에서 여전히 자라고 있었다. 그들이 떠난 지 오래되었지만, 나는 여전히 그들의 목소리와 함께 산다. 사람은 죽음으로 사라지지 않는다. 그들은 형태를 바꾸어 살아남은 이의 언어 속에서, 기억 속에서, 삶의 결 속에서 다시 살아난다. 나는 이제 그 사실을 믿는다.

에필로그

이제는 상실을 두려워하지 않는다. 오히려 그 부재의 자리가 내 안의 온기를 더 깊게 만들어 주었다. 그리움은 때로 고통스럽지만, 그 고통이야말로 내가 여전히 사랑할 수 있다는 증거였다. 나는 그 사랑을 잃지 않으려 글을 쓴다. 글은 내게 살아 있음의 또 다른 이름이다. 병의 통증을 견디며 깨달았던 것들, 이별의 자리에서 배우게 된 것들, 그리고 잃어버린 이들을 향한 끝나지 않은 인사를 문장으로 남긴다. 쓰는 일은 나를 살게 하고, 읽는 일은 타인을 다시 만나게 한다. 언젠가 누군가가 이 글을 읽으며 조금이라도 덜 외로워진다면, 그것이면 충분하다.

죽음을 공부하며 나는 삶을 배웠고, 삶을 배우며 결국 사랑을 배웠다. 살아 있다는 건 거창한 사명도, 눈부신 성공도 아니다. 그저 누군가의 이름을 기억하고, 오늘의 햇살을 느끼며, 또 하루를 버텨 내는 일이다. 그 평범한 지속이야말로 가장 위대한 생의 증거다. 사람들은 흔히 인생의 의미를 찾기 위해 먼 길을 떠난다고 하지만, 나는 이제 안다. 의미는 멀리 있지 않다. 그것은 우리가 매일 반복하며 지나치는 평범한 장면들 속에 숨어 있다.

삶은 거대한 완성의 서사가 아니라, 작은 복구의 연속이다. 쓰러졌다가 다시 일어나는 일, 울다가 다시 웃는 일, 멈췄다가 다시 걸어 나가는 일. 그것이 우리가 살아 있다는 증거다. 나는 이제야 말할 수 있다. "나는 살아 있다." 이 문장은 더 이상 선언이 아니라, 다짐이다. 상실과 병을 통과하며 배운 모든 것들이 내 안에 조용히 남아, 내일의 나를 다시 일으켜 세운다. 삶은 그렇게 이어지고, 죽음조차 그 흐름을 멈추게 하지 못한다.

이 책을, 상실과 병을 통과하며 여전히 하루를 살아 내는 모든 이들에게 바친다. 그리고 오늘을 버티고 있는 모든 이름 없는 이들에게, 조용히 속삭인다. "괜찮아. 오늘을 다 살았다면, 그걸로 충분해."

삶은 끝이 아니라, 계속되는 인사다.

김진향
봄을 기다리며

※ 참고문헌 ※

- 단테 알리기에리, 『신곡: 지옥·연옥·천국』, 민음사
- 자크 데리다, 『마르크스의 유령들』, 그린비
- 엘리자베스 퀴블러 로스, 『죽음과 죽어감』, 청미
- 엘리자베스 퀴블러 로스, 데이비드 A, 『상실 수업』, 인빅투스
- 빅터 에밀 프랭클, 『죽음의 수용소에서』, 청아출판사
- 루키우스 안나이우스 세네카, 『인생의 짧음에 대하여』, 현대지성
- 키에르케고르, 『불안의 개념』, 동서문화사
- 델핀 오르빌뢰르, 『당신이 살았던 날들』, 북하우스
- 버지니아 울프, 『등대로』, 민음사
- 미치 앨봄, 『모리와 함께한 화요일』, 살림
- 애나 메이, 『아프다는 것에 관하여』, 복복서가
- 수전 손택, 『은유로서의 질병』, 이후
- 프리드리히 니체, 『우상의 황혼』, 루미너리북스.
- 황순원, 「소나기」, 『황순원 단편선』, 다림
- 라이너 마리아 릴케, 『젊은 시인에게 보내는 편지』, 문예출판사

- 윤동주, 『하늘과 바람과 별과 시』, 더스토리
- 정현종, 「섬」.『정현종 시선집』, 문학판
- 몽테뉴, 『수상록』, 문예출판사
- 스벤 브링크만, 『불안한 날들을 위한 철학』, 다산초당
- 플라톤, 『파이돈』, 현대지성
- 루크레티우스, 『사물의 본성에 관하여』, 아카넷
- 이어령, 『눈물 한 방울』, 김영사
- 정지용, 『정지용 시집』, 열린책들
- 이문구, 『관촌수필』, 문학과지성사
- 조반니 보카치오, 『데카메론』, 동서문화사
- 황석영, 『손님』, 창비
- 이청준, 『사람의 아들』, 민음사
- 김동리, 『무녀도』, 맑은소리
- 김예선, 『심청전』, 한겨레출판사
- 이어령, 『지성에서 영성으로』, 열림원
- 셸리 케이건, 『죽음이란 무엇인가』, 웅진지식하우스
- 스피노자, 『에티카』, 책세상
- 어빈 D. 얄롬, 『태양을 직면하기』, 학지사
- 알베르 카뮈, 『시지프 신화』, 민음사
- 알베르 카뮈, 『반항하는 인간』, 민음사
- 레프 톨스토이, 『이반 일리치의 죽음』, 민음사
- 쇠렌 키에르케고르, 『죽음에 이르는 병』, 세창출판사
- 쇠렌 키에르케고르, 『불안의 개념』, 세창출판사

- 마르틴 하이데거, 『존재와 시간』, 까치
- 정명도, 『칼 야스퍼스 읽기』, 세창출판사
- 엘리자베스 퀴블러 로스, 『인생 수업』, 이레
- 엘리자베스 퀴블러 로스, 『생의 수레바퀴』, 황금부엉이
- 장 아메리, 『죄와 속죄 저편』, 필로소픽
- 알베르 카뮈, 『이방인』, 민음사
- 가브리엘 마르셀, 『존재의 신비1』, 누멘
- 사카모토 류이치, 『나는 앞으로 몇 번의 보름달을 볼 수 있을까』, 위즈덤하우스
- 카를로 로벨리, 『시간은 흐르지 않는다』, 포도밭출판사
- 조앤 디디온, 『상실』, 책읽는수요일
- C.S 루이스, 『헤아려 본 슬픔』, 홍성사
- 김완, 『죽은 자의 집 청소』, 김영사
- 마르가레타 망누손, 『내가 내일 죽는다면』, 시공사
- 이청준, 『축제-이청준 문학전집 장편소설』, 열림원
- 요한 볼프강 폰 괴테, 『젊은 베르테르의 슬픔』, 민음사
- 알베르 카뮈, 『페스트』, 민음사
- 한강, 『희랍어 시간』, 문학동네
- 로맹 롤랑, 『미켈란젤로의 생애』, 범우사
- 시몬 베유, 『중력과 은총』, 문학과지성사
- 장 폴 사르트르, 『존재와 무』, 민음사
- 밀란 쿤데라, 『참을 수 없는 존재의 가벼움』, 민음사
- 메를로 퐁티, 『지각의 현상학』, 문학과지성사

- 오르한 파묵, 『순수 박물관』, 민음사
- 라이너 마리아 릴케, 『두이노의 비가』, 민음사
- 마르틴 부버, 『나와 너』, 대한기독교서회
- 시몬 드 보부아르, 『아주 편안한 죽음』, 을유문화사
- 마르쿠스 아우렐리우스, 『명상록』, 현대지성
- 키케로, 『노년에 관하여 우정에 관하여』, 숲
- 시몬 드 보부아르, 『노년』, 책세상
- 김영민, 『아침에는 죽음을 생각하는 것이 좋다』, 어크로스
- 스피노자, 『에티카』, 서광사
- 파스칼 블레이즈, 『팡세』, 민음사
- 한병철, 『피로사회』, 문학과지성사
- 김범석, 『어떤 죽음이 삶에게 말했다』, 흐름출판
- 로맹 가리(에밀 아자르), 『자기 앞의 생』, 문학동네
- 버지니아 울프, 『울프 일기』, 솔
- 가즈오 이시구로, 『남아 있는 나날』, 민음사
- 김지수, 『이어령의 마지막 수업』, 열림원
- 함석헌, 『뜻으로 본 한국역사』, 한길사
- 박완서, 『사랑을 무게로 안 느끼게』, 세계사
- 박완서, 『한 말씀만 하소서』, 세계사
- 필리프 아리에스, 『죽음의 역사』, 동문선
- 나희덕, 『말들이 돌아오는 시간』, 문학과지성사
- 시몬느 드 보부아르, 『제2의 성』, 을유문화사
- 한나 아렌트, 『정신의 삶』, 푸른숲

- 헤르만 헤세, 『데미안』, 민음사
- 에픽테토스, 『엥케이리디온』, 그린비
- 넬슨 만델라, 『자유를 향한 머나먼 길』, 두레
- 폴 리쾨르, 메를로퐁티, 『시간과 이야기』, 문학과지성사
- 프란츠 카프카, 『변신, 단식 광대』, 문학동네
- 프란츠 카프카, 『심판』, 종합출판 범우
- 도스토예프스키, 『죄와 벌』, 민음사
- 니코스 카잔차키스, 『그리스인조르바』, 열린책들

서른아홉,
처음으로 죽음을 공부했습니다

글 김진향

발행일 2025년 12월 15일 초판 1쇄

발행처 다반
발행인 노승현
출판등록 제2011-08호(2011년 1월 20일)
주소 서울특별시 마포구 양화로81 320호
전화 02-868-4979 팩스 : 02-868-4978

이메일 davanbook@naver.com
인스타그램 @davanbook

© 2025, 김진향

ISBN 979-11-94267-55-3 03810